विकास का नायक

नीतीश कुमार

कुमार पंकज

डायमंड बुक्स

www.diamondbook.in

प्रकाशक : डायमंड पॉकेट बुक्स (प्रा.) लि.
X-30 ओखला इंडस्ट्रियल एरिया, फेज-II
नई दिल्ली-110020
फोन : 011-40712200
ई-मेल : wecare@diamondbooks.in
वेबसाइट : www.diamondbooks.in
संस्करण : 2025
मुद्रक : रेप्रो (इंडिया)

Vikas Ka Nayak Nitish Kumar
By : Kumar Pankaj

भूमिका

बिहार में इस बार महागठबंधन को बड़ी जीत मिली है। बड़ी जीत बढ़ी हुई अपेक्षाओं को साथ लेकर आती है। वैसे भी यह पहली बार नहीं हुआ। पिछले 2 विधानसभा चुनावों में भी नीतीश कुमार को ऐतिहासिक जीत प्राप्त हो चुकी है। पिछले कामों का ही नतीजा है कि नीतीश कुमार बिहार में पांचवीं बार मुख्यमंत्री बने हैं।

आखिर ऐसा क्या हुआ कि बाकी राज्यों की तरह बिहार में कभी भी नीतीश कुमार का विरोध नहीं हो पाया। कारण साफ है कि नीतीश कुमार ने अपने लोक कल्याणकारी राज्य की स्थापना हेतु बुनियादी कदम उठाये थे, जिसकी वजह से बिहार प्रगति की ओर बढ़ रहा है और हमें उम्मीद है कि आगे भी बढ़ता रहेगा।

नोबेल पुरस्कार विजेता अर्थशास्त्री अमर्त्य सेन ने बिहार के विषय में अपनी राय रखते हुए कहा था कि 'बिहार में स्थिति काफी बदल गयी है। सकारात्मक पहल और नेतृत्व की बदौलत ही स्थिति में अनुकूल परिवर्तन हुए हैं।'

बिहार के बारे में अब देश के लोगों की राय ही नहीं बदल रही, बल्कि पूरी दुनिया में बिहार के विकास और नीतीश कुमार की चर्चा हो रही है।

विश्व बैंक की रिपोर्ट ने बिहार राज्य को एक नये मुकाम पर पहुंचा दिया है। रिपोर्ट कहती है 'बिहार को विशेष पहचान दिलाने की मुख्यमंत्री की कोशिश को राज्य से बाहर व्यापक स्वीकृति। कारोबार करने के लिए मुंबई से बेहतर पटना।'

'विकास का नायक नीतीश कुमार' नामक यह पुस्तक नीतीश कुमार के सामाजिक एवं राजनीतिक जीवन के उन अकथ पहलुओं को सामने लाती है, जिनसे प्रत्येक व्यक्ति प्रभावित हुए बिना नहीं रह सकता।

नीतीश कुमार के उतार-चढ़ाव भरे जीवन को बड़े ही रोचक एवं तथ्यात्मक रूप से पाठकों के सामने रखने की कोशिश की गई है, जिसमें नीतीश कुमार के बचपन से लेकर राजनीतिक सफर का लेखा-जोखा लिया गया है।

नीतीश कुमार पांचवीं बार मुख्यमंत्री बनने वाले भारत के सबसे चर्चित व्यक्ति हैं। इसीलिए इस पुस्तक के माध्यम से नीतीश कुमार के राजनीतिक कौशलों का भी

परिचय कराया गया है, जिनके कारण नीतीश कुमार के समय-समय पर लिए गए राजनीतिक एवं रणनीतिक फैसलों ने उन्हें बार-बार सही साबित किया है।

2015 के बिहार विधानसभा चुनावों में ऐतिहासिक जीत हासिल करने के बाद नीतीश कुमार ने नई पारी की शुरुआत कर दी है। लेकिन इस बार चुनौतियां कहीं ज्यादा नजर आ रही हैं। यह बात एकदम ठीक है कि नीतीश कुमार के पिछले कार्यकाल को सुशासन और विकास के पर्याय के तौर पर ही जाना जाता है, लेकिन इस बार नीतीश सरकार में लालू के बेटे तेजस्वी यादव को उपमुख्यमंत्री बनाया गया है। चर्चाओं में एक बात बार-बार देखने को मिल रही है कि 'नीतीश कुमार को ताज, लालू यादव को राज' यह कहां तक ठीक है, यह तो आने वाला वक्त ही बताएगा, लेकिन आशंकाओं के बादल अभी से मंडराने लगे हैं।

आज बिहार ही नहीं पूरी दुनिया नीतीश कुमार पर नजरें टिकाए बैठी हैं राजनैतिक और गैर राजनैतिक लोग भी यही चाहते हैं कि नीतीश सरकार अपने कार्यकाल को सफलता पूर्वक पूरा करे।

मुझे पूरी उम्मीद है कि यह पुस्तक पाठकों को बहुत पसंद आयेगी।

पुस्तक प्रकाशित करने के लिए मैं डायमंड बुक्स के चेयरमैन नरेंद्र कुमार वर्मा जी का आभारी हूं।

- कुमार पंकज

प्रकाशकीय

बिहार विधानसभा चुनाव 2015 के बाद पूरे देश के राजनीतिक परिदृश्य में ऐसा भूचाल आया, जिसने संसदीय राजनीति की दशा एवं दिशा के बारे में हलचल पैदा कर दी।

बिहार विधानसभा के इस नतीजे ने नीतीश कुमार और उनके महागठबंधन के साथ-ही-साथ केंद्र की नई एनडीए सरकार को सकते में डाल दिया। इस चुनाव ने देश में नए समीकरण और नई राजनीतिक संभावनाओं को जन्म दिया है। बिहार के नये राजनीतिक परिदृश्य द्वारा एक नायक का उदय हुआ, जिसका नाम है विकास का नायक नीतीश कुमार।

पिछले 10 वर्षों के काम-काज की बदौलत जनता ने उन्हें पांचवीं बार मुख्यमंत्री बनने का मौका दिया है। देश-विदेश में बसे बिहारवासियों के साथ अन्य लोगों के मन में यह बात घर कर गई थी कि नीतीश ने विकास का नया फार्मूला तैयार किया है, इसी कारण बिहार की जनता ने उन्हें हाथों-हाथ लिया। 2015 के विधनसभा चुनाव में नीतीश कुमार और उनके महागठबंधन को ऐतिहासिक जनादेश ऐसे समय में आया, जब 2014 में लोकसभा चुनाव में उन्हें बड़े पैमाने पर हार का सामना करना पड़ा था।

2014 के लोकसभा चुनावों में नीतीश कुमार ने हार की जिम्मेदारी लेते हुए मुख्यमंत्री पद से इस्तीफा दे दिया और जीतनराम मांझी को मुख्यमंत्री बना दिया, हालांकि कुछ महीनों के नाटकीय राजनीतिक घटनाक्रम के बाद वे पुन: मुख्यमंत्री बने थे।

नीतीश कुमार की कार्यशैली, सुशासन और काम-काज की चर्चा देश-विदेश में हो रही है। उन्होंने बुनियादी रूप से बहुत से ऐसे कार्य किए हैं, जिसके कारण उनकी स्वीकार्यता सभी वर्गों एवं तबकों में देखने को मिलती है। विकास के इस नायक के बारे में कितना भी लिखा जाए, वह फिलहाल बहुत कम है, लेकिन इस प्रेरणादायी व्यक्तित्व के साथ-ही-साथ उनके काम-काज का लेखा-जोखा भी पाठकों तक पहुंचाना हमारे लिए एक सुखद अहसास है।

यह सच है कि बिहार की तस्वीर अब बदलने लगी है। नीतीश कुमार ने पंचायतों

को मजबूत करने के लिए निरंतर प्रयास किया। त्रिस्तरीय पंचायतों की सभी कोटियों में एकल पदों सहित सभी पदों पर महिलाओं को 50 फीसदी का आरक्षण देकर बिहार ही नहीं, पूरे देश में एक मिसाल कायम कर दी। इसके अलावा पंचयतों को मजबूती प्रदान करने के लिए राज्य सरकार ने उचित प्रतिनिधित्व के लिए अत्यंत पिछड़े वर्ग को 20 फीसदी आरक्षण दिया।

बिहार की जनता नीतीश कुमार का गुणगान कर रही है। 2005 से लेकर 2015 तक बिहार ने काफी तेजी से विकास किया है, जबकि बिहार को एक पिछड़ा हुआ राज्य माना जाता था। राज्य में प्राकृतिक संसाधन न के बराबर थे और चुनौतियां बहुत ज्यादा थीं, लेकिन नीतीश कुमार ने दिखा दिया कि यदि सरकार चाहे तो राज्य का विकास किया जा सकता है। काश! वैसी इच्छाशक्ति इससे पहले किसी और ने दिखाई होती, तो शायद बिहार विकसित राज्यों की श्रेणी में पहुंच चुका होता।

नीतीश कुमार के सामने इस बार चुनौतियों का एक बड़ा पहाड़ खड़ा है। महागठबंधन की मजबूरी, केंद्र और राज्य सरकार में भी भिन्न राजनीतिक दलों के होने के कारण भी दिल्ली जैसे हालात होने की संभावना हमेशा बनी रहेगी। राज्य और केंद्र के मध्य तालमेल रखना नीतीश कुमार के लिए बहुत ही चुनौतीपूर्ण है।

'डायमंड बुक्स' जनता के विकास और देश हित में काम करने वाले शख्सियत को पाठकों तक पहुंचाने का कठिन एवं श्रम साध्य कार्य निरंतर करता रहा है। इसी कड़ी में विकास के नायक नीतीश कुमार पर आधारित यह पुस्तक सुधी पाठकों के सामने प्रस्तुत है।

हमें आपके बहुमूल्य सुझावों का इंतजार रहेगा।

- नरेन्द्र कुमार वर्मा

nk@dpb.in

अनुक्रम

उतार-चढ़ाव भरा जीवन

नीतीश कुमार आज किसी परिचय के मोहताज नहीं हैं। 2005 से लेकर 2015 तक नीतीश कुमार की चर्चा बिहार ही नहीं, देश-विदेश के कोने-कोने में होती रही है, लेकिन उनका पूरा जीवन ही किसी प्रेरणादायी व्यक्तित्व से कम नहीं है।

नीतीश कुमार का जन्म 1 मार्च, 1951 में गांव बख्तियारपुर, जिला पटना में एक गरीब परिवार में हुआ। उनके पिता स्व. श्री कविराज रामलखन सिंह एक स्वतंत्रता सेनानी थे। बचपन में परिवार के सभी लोग उन्हें उनके उपनाम मुन्ना के नाम से पुकारते थे और नीतीश कुमार के करीबी आज भी उन्हें मुन्ना के नाम से ही पुकारते हैं।

व्यक्तिगत परिचय

जन्म तिथि : *01 मार्च, 1951*
जन्म स्थल : *बख्तियारपुर, पटना*
पैतृक गांव : *कल्याणबिगहा, नालंदा*
शिक्षा : *एनआईटी पटना से इंजीनियरिंग*
पिता : *स्व. कविराज रामलखन सिंह*
माता : *स्व. परमेश्वरी देवी*
पत्नी : *मंजू कुमारी सिन्हा (22 फरवरी, 1973 को विवाह)*
पत्नी का निधन : *2007 में*

बचपन : नीतीश कुमार बचपन से ही बहादुर, मेहनती, ईमानदार, स्पष्टवादी और भविष्य का सपना देखने वाले व्यक्तित्व के रूप में उभर रहे थे। जब वे घर बनाते तो कहते 'बिहार बना रहा हूं।' उनकी प्राथमिक शिक्षा गांव के ही स्कूल में पूरी हुई, इसलिए नीतीश कुमार ने मुख्यमंत्री बनते ही ग्रामीण शिक्षा व्यवस्था में आमूल परिवर्तन करके विकास के इस बुनियादी प्रश्न को बिहार में सबसे मजबूती से हल किया।

नीतीश कुमार के बचपन की एक कहानी आज पूरी दुनिया में चर्चित हो रही है। 'मुन्ना और उसका दोस्त' सरोज एक स्टेशन पर बने रेलवे ट्रैक को पार करना चाहते थे, किंतु ट्रैक पर ट्रेन खड़ी थी। इस बात का फायदा उठाते हुए

उन दोनों ने ट्रेन के नीचे से जैसे ही निकलना शुरू किया था कि ट्रेन एकदम चलने का संकेत देने लगी। आखिरकार दोनों ने किसी तरह अपनी जान बचाई। याद रहे उसी घटना का असर था कि मुख्यमंत्री बनते ही नीतीश कुमार ने उस रेलवे ट्रैक के ऊपर पुल का निर्माण कराया। उनके अध्यापक मेहता जी का कहना है कि नीतीश कुमार शांत एवं गंभीर स्वभाव के हैं। उन्हें कभी मौका ही नहीं मिला कि किसी एक गलती पर भी वे नीतीश कुमार की पिटाई कर सकें। वे अपने ब्लैक बोर्ड पर आज भी लिखते हैं, छात्र हो तो नीतीश जैसा।

ऐसी ही दूसरी घटना है, जिसमें मुन्ना (नीतीश कुमार) गणित का पेपर दे रहा था। परीक्षा समाप्ति की घंटी बजते ही अध्यापक ने परीक्षा कापी छीन ली, जिस कारण मुन्ना गणित में अधिक अंक प्राप्त नहीं कर सका। इस घटना की वजह से नीतीश कुमार ने मुख्यमंत्री बनते ही एक नियम लागू करवाया कि परीक्षा के अंत में प्रत्येक छात्र को 15 मिनट अधिक दिए जाएं।

छात्र जीवन : नीतीश कुमार भी बिहार के उसी छात्र आंदोलन की उपज है, जिसे लोग बिहार की 'संपूर्ण क्रांति' के रूप में जानते हैं। नीतीश कुमार का झुकाव कॉलेज के दिनों से ही राजनीति और समाज सेवा की ओर था। कॉलेज के दिनों में नीतीश कुमार, नरेंद्र कुमार और अरुण सिन्हा का एक ग्रुप था, जिसे अटूट मित्रता के रूप में जाना जाता था। कॉलेज की तमाम गतिविधियों में वे बढ़-चढ़कर हिस्सा लेते थे। इसी कारण नीतीश कुमार की सादगी और समाज सेवा की चर्चा चारों तरफ अपनी आभा बिखेर रही थी।

जब संपूर्ण क्रांति का बिगुल बजा तो देश-प्रदेश के कोने-कोने से छात्र एवं युवा इस आंदोलन से जुड़ रहे थे। नीतीश कुमार भी इस आंदोलन के प्रभाव में आकर छात्र राजनीति में कूद पड़े और बिहार इंजीनियरिंग कॉलेज के छात्र रहते हुए प्रमुख छात्र नेताओं के रूप में शुमार होने लगे। नीतीश इसी आंदोलन के नेता सत्येंद्र नारायण सिन्हा के काफी करीब आ गए।

कॉलेज के दिनों में नीतीश के सहपाठी भी उनकी इस प्रतिभा के कायल थे कि उनके अंदर नेतृत्व की अद्‌भुत क्षमता थी। उसी नेतृत्व की परख आज देखने को मिलती है। बख्तियारपुर के रहने वाले शैलेंद्र सिंह वैसे तो उनसे जूनियर थे, लेकिन दोनों में मित्रता थी और दोनों में खूब पटती थी। शैलेंद्र के मुताबिक, नीतीश जी शुरू से ही जोड़ने का काम करते रहे हैं। बचपन से उनका झुकाव राजनीति की ओर नहीं था, लेकिन कॉलेज जीवन में प्रख्यात समाजवादी लोहिया जी की किताबें पढ़कर वे लोहियावादी हो गए। वे कहते हैं कि हम दोस्तों में रूठना और मनाना खूब चला था। आज भी हम अच्छे दोस्त हैं।

उन दिनों बिहार का छात्र आंदोलन देश के अन्य राज्यों से काफी मजबूत और संगठित रूप से उभर रहा था। जे.पी. आंदोलन से पूर्व भी 1972 में 2 माह तक प्रत्येक दिन रैलियां, धरना-प्रदर्शन निरंतर होते रहे। जब नीतीश कुमार कॉलेज यूनियन के अध्यक्ष बने, तो उन्होंने ही बिहार के छात्रों को संगठित किया और अन्य छात्र संगठनों को आंदोलन से जोड़ने का काम किया।

नीतीश कुमार छात्र आंदोलन के परिणाम के बारे में बताते हुए कहते हैं कि 1972 के छात्र आंदोलन ने 'बंगलादेश बन जाने के बाद स्वयं को दुर्गा कहलाने वाली इंदिरा गांधी के लोकवादी मुखौटे को उतार फैंका।'

वैसे तो 1972 का छात्र आंदोलन कई कारणों से बिखर गया था, लेकिन 1974 के छात्र आंदोलन ने एक बार फिर छात्र आंदोलन को संगठित होने का मौका दिया और तत्कालीन मुख्यमंत्री के खिलाफ मोर्चा खोल दिया।

यह वही आंदोलन था, जो छात्र समसया से होता हुआ जे.पी. का 'संपूर्ण क्रांति' और जात-पात मिटाने का रचनात्मक कार्यक्रम भी शामिल हो गया। इस आंदोलन से तपते हुए नीतीश कुमार छात्र राजनीति के शिखर पर लालू प्रसाद यादव के सहयोगी बन गए। बिहार आंदोलन में नीतीश कुमार को 'मीसा' नामक कानून के तहत जेल में डाल दिया गया।

राजनीतिक जीवन : 1974 के छात्र आंदोलन से निकले नीतीश कुमार के समकालीन कई नेताओं ने 1977 के चुनावों में जीत हासिल कर लोकसभा और राज्य विधानसभा में प्रवेश किया, वहीं नीतीश को 1977 और 1980 में कई विधानसभा चुनाव में हार का मुंह देखना पड़ा। इससे नीतीश कुमार बिलकुल विचलित नहीं हुए। वह अपने मिशन में लगे रहे, जबकि उनके समकालीन लालू प्रसाद यादव और रामविलास पासवान केंद्र की राजनीति में अपनी जड़ें मजबूत कर रहे थे। नीतीश कुमार को इस बात का कोई मलाल नहीं था कि वह राजनीति में पिछड़ रहे हैं, बल्कि इस बात की ओर उनका ध्यान था कि वह किस प्रकार राजनीति में अपना एक अलग मुकाम हासिल करें। उसी का परिणाम रहा कि नीतीश कुमार 1985 में पहली बार हरनौट विधानसभा से चुने गए। उसके बाद उन्होंने पीछे मुड़कर नहीं देखा और लगातार सियासत में अपनी एक खास पहचान बनाने में जुटे रहे। 1985 की जीत ने नीतीश के अंदर उत्साह भर दिया था। 1989 में वह कांग्रेस के दिग्गज नेता रामलखन सिंह यादव को हराकर लोकसभा पहुंचे और 6

विधायक : *1985 में पहली बार बिहार विधानसभा के लिए चुने गए।*

सांसद : *नवीं लोकसभा 1989 में पहली बार चुने गए। इसके बाद 1991, 1996, 1998, 1999 व 2004 में भी लोकसभा के लिए चुने गए।*

बार लगातार सांसद होने का गौरव भी हासिल किया। 1990 में प्रधानमंत्री विश्वनाथ प्रताप सिंह के मंत्रिमंडल में वे केंद्रीय कृषि और सहकारिता राज्य मंत्री बने। 1994 में नीतीश कुमार ने लालू प्रसाद यादव से अलग होकर समता पार्टी का गठन किया। लालू-राबड़ी के खिलाफ जंग छेड़कर उन्होंने बिहार में एक नए राजनीतिक समीकरण के उदय का संकेत दे दिया। नीतीश, जॉर्ज फर्नांडिस और 12 अन्य सांसदों के साथ मिलकर राजद को चुनौती देने लगे। 1995 में राज्य विधानसभा चुनाव में समता पार्टी की जबरदस्त हार के बावजूद नीतीश का मनोबल कम नहीं हुआ। उस समय तक बिहार से झारखंड अलग नहीं हुआ था। राज्य में विधानसभा सीटों की संख्या 324 थी, जिसमें नीतीश कुमार की पार्टी से केवल 6 विधायक ही जीत सके। नीतीश ने इस अनुभव से सीख लेते हुए दिसंबर, 2003 में जनता दल (यूनाइटेड) के साथ समता पार्टी का विलय कर लिया।

नीतीश कुमार अपने काम को लेकर काफी सिद्धांत वाले नेता माने जाते हैं। इसकी एक मिसाल उन्होंने केंद्रीय मंत्री के तौर पर भी दी। जब 1998 में राजग सरकार का गठन हुआ, तो नीतीश कुमार रेल मंत्री बने और उन्हें भूतल परिवहन मंत्रालय का अतिरिक्त कार्यभार भी सौंपा गया। जब अगस्त, 1999 में पश्चिम बंगाल के सिलीगुड़ी के निकट गैसल रेल हादसा हुआ, तो उन्होंने जिम्मेदारी लेते हुए रेल मंत्री के पद से इस्तीफा दे दिया। अपने पद की जिम्मेदारी को समझते हुए ऐसा कदम इससे पहले रेल मंत्री लाल बहादुर शास्त्री ने ही उठाया था। रेल मंत्री के पद से इस्तीफा देने के कुछ समय बाद नीतीश को राजग सरकार में फिर से शामिल किया गया। इस बार उन्हें कृषि मंत्री का पद मिला। वे नवंबर, 1999 से मार्च, 2000 तक और फिर मई, 2000 से मार्च, 2001 तक राजग सरकार में कृषि मंत्री के रूप में कार्य करते रहे। इस बीच 3 मार्च, 2000 को बिहार में बदले राजनीतिक हालात के बीच नीतीश को बिहार के मुख्यमंत्री के रूप में शपथ लेनी पड़ी, लेकिन 10 मार्च, 2000 तक वे केवल 7 दिन के लिए राज्य के मुख्यमंत्री रहे। नीतीश विधानसभा में बहुमत सिद्ध कर पाने में विफल रहे।

मार्च, 2001 से मई, 2004 तक वे दोबारा राजग सरकार में रेल मंत्री बने। रेल मंत्री के पद पर रहते हुए नीतीश ने कई नई योजनाओं की शुरुआत की और रेलवे को फायदे में पहुंचाने के लिए कई उपाय किए।

नीतीश ने 2005 के विधानसभा चुनाव में भाजपा के साथ मिलकर चुनाव लड़ा और राज्य में सत्ता हासिल करने में कामयाब रहे। नवंबर, 2005 में राज्य के दूसरी बार मुख्यमंत्री बने नीतीश कुमार के लिए अगले 5 साल काफी चुनौतीपूर्ण रहे। सभी प्रकार के झंझावतों से निकलते हुए नीतीश ने बिहार की

सत्ता पर काबिज रहने की जो योजना बनाई, वह काबिले तारीफ ही नहीं बल्कि राज्य की जनता को पसंद भी आने वाली थी। इसी का परिणाम रहा कि मई, 2009 में जब लोकसभा चुनाव हुए तो राजग ने बिहार की 40 सीटों में से 32 सीटों पर अपनी जीत दर्ज की। लोकसभा चुनाव में मिली जीत 2010 के विधानसभा चुनाव में दोहराना नीतीश के लिए एक बड़ी चुनौती थी। चुनावों से पहले कयास लगाए जा रहे थे कि राज्य में त्रिशंकु विधानसभा बनेगी, लेकिन नीतीश कुमार के करिश्माई नेतृत्व का ही परिणाम रहा कि उनके गठबंधन ने राज्य में नवंबर, 2010 में हुए विधानसभा चुनाव में 243 विधानसभा सीटों में से अधिकतर सीटें जीत लीं। नीतीश इस करिश्माई नेतृत्व के लिए पहले से ही प्रयत्नशील रहे।

केंद्रीय मंत्री के रूप में

(अप्रैल से नवंबर) 1990 : *कृषि व सहकारिता राज्य मंत्री*

19 मार्च, 1998 से 5 अगस्त, 1999 तक : *रेल मंत्री*

13 अक्टूबर, 1999 से 22 नवंबर, 1999 तक : *भू-तल परिवहन मंत्री*

27 मई, 2000 से 20 मार्च, 2001 तक : *रेल मंत्री*

मुख्यमंत्री के रूप में

03 से 10 मार्च, 2000 - पहली बार 7 दिनों के लिए

24 नवंबर, 2005 से 24 नवंबर, 2010 तक

26 नवंबर, 2010 से 19 मई, 2014

22 फरवरी, 2015 से अब तक

20 नवंबर, 2015 को फिर मुख्यमंत्री पद की शपथ

वर्ष 2010 में बिहार विधानसभा में पुन: ऐतिहासिक जीत दर्ज करने के बाद नीतीश कुमार देश के मुख्यमंत्रियों में काफी चर्चित शख्सियत रहे। 2010 के मध्य में नीतीश कुमार ने गुजरात की मोदी सरकार द्वारा भेजी गई 5 करोड़ रुपये की धनराशि लौटाई जाने वाली घटना के तुरंत बाद पोस्टर वाली घटना ने राजग और नीतीश कुमार में गहरी खाई बढ़ा दी। नरेंद्र मोदी को जब राजग का प्रमुख चेहरा बना दिया गया, तब 2014 में सांप्रदायिकता के नाम पर वे राजग से अलग हो गए।

राजनीतिक जीवन में नीतीश कुमार ने काफी उतार-चढ़ाव देखे हैं, लेकिन 2014 के लोकसभा चुनाव में नीतीश कुमार की पार्टी को बड़े पैमाने पर हार का मुंह देखना पड़ा, जिसकी जिम्मेदारी लेते हुए उन्होंने मुख्यमंत्री पद त्याग दिया और जीतनराम मांझी को मुख्यमंत्री बना दिया।

जीतनराम मांझी के मुख्यमंत्री बनने के कुछ महीने बाद ही नीतीश और मांझी के मध्य विवाद हो गया और फिर पुनः उन्होंने मुख्यमंत्री पद ग्रहण किया।

वर्ष 2015 के बिहार विधानसभा चुनावों से पहले ही राजग की सरकार बनने का दावा किया जा रहा था। भाजपा ने नीतीश कुमार की चारों तरफ आलोचना करनी शुरू कर दी, लेकिन नीतीश कुमार ने अपने सुशासन और अपने कामकाज की बदौलत पुनः ऐतिहासिक जीत दर्ज करके सभी राजनैतिक पंडितों के विश्लेषणों को उलट दिया।

अवॉड्र्स और सम्मान

- *जेपी मैमोरियल अवॉर्ड, नागपुर मानव मंदिर, 2013*
- *फॉरेन पॉलिसी मैगजीन की टॉप 100 ग्लोबल थिंकर्स की सूची में 77वां स्थान, 2012*
- *एमएसएन इंडियन ऑफ द ईयर 2010*
- *एनडीटीवी इंडियन टॉप द ईयर-राजनीति, 2010*
- *फोर्ब्स 'इंडियाज़ पर्सन ऑफ़ द ईयर', 2010*
- *एनडीटीवी इंडियन ऑफ द ईयर-राजनीति, 2009*
- *इकनॉमिक टाइम्स बिजनेस रिफॉर्मर ऑफ़ द ईयर, 2009*
- *सएनएन-आईबीएन ग्रेट इंडियन ऑफ़* द ईयर-राजनीति, 2008

राजनीतिक कौशल

2015 के बिहार विधानसभा चुनावों ने यह दिखा दिया है कि नीतीश कुमार हर अच्छे-बुरे काम को बड़ी सहजता के साथ स्वीकार करते हैं। उनके अंदर आत्मविश्वास बहुत है। इसी आत्मविश्वास के बल पर वह राजनीति में एक-एक कदम आगे बढ़ा रहे हैं। उन्हें अपने ऊपर पूरा भरोसा है। इस भरोसे के साथ-साथ वह राजनीति के मंझे हुए खिलाड़ी भी हैं और राजनीतिक कुशलता के कारण उनका कद लगातार बढ़ता जा रहा है। उनके फैसलों के बारे में कोई कितना भी विरोध करे लेकिन वे उसी पर अटल रहते हैं। आखिर हों भी क्यों न, राजनीति में जिस प्रकार से वह एक-एक कदम फूंक-फूंककर रखते रहे हैं, उससे उनके आत्मविश्वास की झलक तो हमें देखने को मिलती ही है।

नीतीश कुमार ने बिहार में गुजरात के मुख्यमंत्री नरेंद्र मोदी का विरोध बड़े ही कड़े स्वर में किया। चाहे उन्हें भाजपा से नाता ही क्यों न तोड़ना पड़ा हो। नीतीश को पूरा आत्मविश्वास था कि भाजपा से नाता तोड़कर वे बिहार में पुनः सत्ता प्राप्त कर लेंगे और यह कर भी दिखाया। भाजपा से नाता तोड़कर उन्हें बहुत विरोध और तीखी आलोचना का भी शिकार होना पड़ा। लेकिन नीतीश ने जो कहा वह कर दिखाया। कोसी बाढ़ राहत के लिए गुजरात सरकार द्वारा दिए गए 5 करोड़ रुपये वापस कर दिए गए थे। नीतीश ने उस विज्ञापन के विरोध में राहत राशि गुजरात सरकार को लौटाई, जिसमें उन्हें नरेंद्र मोदी के साथ हाथ उठाकर दिखाया गया था। राहत राशि लौटाए जाने को लेकर खूब राजनीति हुई, लेकिन नीतीश विचलित नहीं हुए और अपने काम को बखूबी अंजाम देते रहे।

नीतीश कुमार विचारों से लोहियावादी हैं और काफी सुलझे हुए हैं। बीबीसी के पटना संवाददाता मणिकांत ठाकुर ने 2005 में नीतीश कुमार से विस्तार से बातचीत की थी। उस समय नीतीश ने बिहार को लेकर अपनी योजनाएं उन्हें बताई थीं। 2005 से लेकर 2015 तक नीतीश ने दावा किया था कि हमें सभी के साथ न्याय करना है। बिहार की जनता यह देख रही है कि बिहार में विकास हो रहा है। बिहार बदल रहा है। यहां तक दुनिया कह रही है कि बिहार में बुनियादी परिवर्तन हुए हैं।

नीतीश कुमार की सोच बिलकुल स्पष्ट है। वह जो भी बात करते हैं, पूरे आत्मविश्वास के साथ करते हैं और उसे पूरा करने का प्रयास करते हैं। नीतीश कुमार के विश्वास की एक झलक उस समय भी देखने को मिली, जब वह केंद्रीय कृषि मंत्री का पद छोड़कर राज्य के मुख्यमंत्री बनने के लिए राजी हो गए।

नीतीश को यह मालूम था कि बहुमत जुटा पाना काफी मुश्किल है। लेकिन फिर भी इसकी परवाह किए बगैर उन्होंने बिहार के राजनैतिक अनिश्चतताओं को आसानी से मिटा दिया। उस समय बिहार के उपमुख्यमंत्री सुशील कुमार मोदी ने नीतीश के व्यक्तित्व के बारे में कहा था 'बतौर प्रशासक नीतीश पूर्णतावादी हैं, उनकी प्रखर शैक्षणिक पृष्ठभूमि उन्हें किसी विषय को संपूर्णता से समझने की योग्यता देती है।' जबकि आज वही सुशील कुमार मोदी उनकी कड़ी आलोचना कर रहे हैं। लालू के 'बड़े भाई' कहकर संबोधित करता उनकी वाकपटुता का एक नमूना भर है। वे उन राजनीतिज्ञों में से हैं, जो अपने वादे से नहीं मुकरते। उन्होंने विकासोन्मुखी राजनीति के साथ-साथ यथार्थवादी और वास्तविक राजनीति का बेहतरीन मिश्रण पेश किया है, जिसके कारण 2015 के चुनाव में महागठबंधन करके अप्रत्याशित नतीजे देखने को मिले हैं। वैसे भी कई ऐसे उदाहरण हैं, जो नीतीश के व्यक्तित्व को उभारते हैं। वे जिस सहजता के साथ लोगों से मिलते हैं और बात करते हैं, उसी सहजता से उन्हें अपना भी बना लेते हैं।

नीतीश के व्यक्तित्व की कई और विशेषताएं हैं, जिनके बार में उनके सहयोगियों से सुना जा सकता है। चुपके-चुपके, धीरे-धीरे राजनीति में कदम बढ़ाकर उन्होंने साबित कर दिया कि वह जल्दी में नहीं हैं, बल्कि वह जनता के बीच अपनी ऐसी पहचान बनाना चाहते हैं, जो सदियों तक कायम रहे। वह तात्कालिक लाभ के बारे में नहीं सोचते, इसलिए ग्रामीण छात्राओं को साइकिल योजना का नतीजा ही था कि महिलाओं ने सबसे ज्यादा वोट नीतीश कुमार की सरकार को पहले से भी ज्यादा दिया। आज इसी योजना का नतीजा है कि बिहार में बड़े पैमाने पर साइकिल पर सवार होकर स्कूल जाती छात्राएं चारों ओर दिखाई देती हैं। आज उनके पीछे बिहार की जनता खड़ी है। काम करने के लिए जनता ने फिर से नीतीश कुमार को चुना है। जनता के विश्वास पर खरे उतरकर दिखाना नीतीश कुमार के लिए एक बड़ी चुनौती होगी। उस चुनौती से भी नीतीश पूरे आत्मविश्वास के साथ निपट लेंगे, ऐसा राजनीतिक विश्लेषकों का मानना है।

यह बात सच है कि विधानसभा चुनावों में प्रधानमंत्री आमतौर पर प्रचार नहीं करते या बहुत कम करते हैं, लेकिन इस बार विधानसभा-2015 के चुनाव में प्रधानमंत्री के नाम पर चुनाव लड़े गए। इसके बावजूद नीतीश कुमार की राजनीतिक कुशलता ने महागठबंधन को बिहार में ऐतिहासिक जीत दर्ज करा दी।

नीतीश कुमार ने आलोचनाओं की परवाह किए बिना महागठबंधन से तालमेल

किया। राजनीतिक प्रेक्षकों और कुछ विघ्नसंतोषी लोगों ने यह भविष्यवाणी की थी कि अब नीतीश कुमार की राजनीति समाप्त हो जाएगी, क्योंकि उन्होंने लालू प्रसाद यादव से हाथ मिला लिया। यह भी कहा जाता रहा कि यह सिर्फ नेताओं का गठबंधन है, जनता, खासकर नीतीश कुमार के वोटर इसे मंजूर नहीं करेंगे। लेकिन सारी आशंकाएं और अपशकुन गलत साबित हुए।

दरअसल, इस विधानसभा चुनाव में प्रधानमंत्री और उनकी सरकार के नेताओं तथा मंत्रियों के भड़काऊ भाषणों में नीतीश कुमार की व्यक्तिगत आलोचना और डीएनए, आरक्षण और सांप्रदायिकता जैसे विवादित बयानों की बौछार होने लगी। इन मुद्दों को नीतीश कुमार ने कुशल राजनीतिज्ञ की तरह अपने पक्ष में कर दिया और ऐतिहासिक जीत हासिल की।

फिलहाल यह जरूर कहा जा सकता है कि जनता ने लालू यादव को ज्यादा सीटें जिताकर लालू को और अधिक ताकतवर बना दिया है। बिहार चुनाव की घोषणा से काफी पहले से ही लालू प्रसाद यादव सूबे की सियासत में रिंग मास्टर जैसे नजर आए। अपने राजनीतिक कौशल, सेंस ऑफ ह्यूमर और जातीय बैकग्राउंड के भरपूर इस्तेमाल से लालू इस चुनाव के चैंपियन भी बन गए। लालू की यह ताकत कदम-कदम पर नीतीश कुमार पर भारी पड़ सकती है। अब यह नीतीश की सूझबूझ और प्रशासनिक कौशल पर निर्भर होगा कि वे रोजमर्रा की चुनौतियों से कैसे निपटते हैं।

केंद्र और राज्य जब तक मिलकर काम नहीं करते, तब तक किसी भी राज्य का विकास संभव नहीं है। इतिहास में कई ऐसे राज्य भी हुए हैं कि यदि केंद्र और राज्य में भिन्न सरकारें हैं, तो तरह-तरह के विवाद होते रहते हैं। राज्य सरकार केंद्र को दोषी बताकर अपना पल्ला झाड़ लेती है और केंद्र सरकार यह आरोप लगाती है कि राज्य सरकार केंद्र का पैसा ठीक तरह से प्रयोग नहीं करती। चूंकि अब केंद्र में नीतीश की धुर विरोधी सरकार है, तो इस चुनौती का भी नीतीश कुमार को सामना करना पड़ेगा।

नीतीश कुमार के विचार

बिहार के बारे में गलत अवधारणा बन गई है, गलत परसेप्शन हो गया है, इसको हमें ठीक करना पड़ेगा। इसको ठीक किए बिना बिहार को ठीक तरह से नहीं समझ सकेगा। करिश्मा सचमुच हो सकता है, बिहार में तो ऐसी संभावना है। इसमें चुंबकीय आकर्षण है, यहां के वातावरण में सौंदर्य है।

हम विकास के हर पैमाने पर नीचे आ गए हैं, उस हर पैमाने पर हमको उठना होगा। उसके लिए जरूरी है कि पहले हम आधारभूत ढांचे को दुरुस्त करें। एक वातावरण बनाएं, निवेश का वातावरण बनाएं। यहां जब निवेश होगा, कल-कारखाने खुलेंगे, तो रोजगार के अवसर पैदा होंगे।

बिहार को कुछ चीजें तो विरासत में मिली हैं, इसमें कोई शक नहीं है। हमने शपथ ली है कि सबके साथ न्याय करेंगे, अगर यह भाव मंत्र के तौर पर मैं कहता हूं कि सत्ता में बैठने के बाद लोगों को लग जाए कि हमें सभी के साथ न्याय करना है, तो आप देखिएगा कि वातावरण में ऐसा परिवर्तन आएगा कि यह आज कल्पनीय है। लोगों को कल्पना नहीं होती, मुझको तो संभावना दिखती है।

राजनीति का अपराधीकरण

सुशासन हो तो सब चीज से छुटकारा मिल जाएगा, नहीं तो रोना रोते रहेंगे और स्थिति तो बहुत बुरी होती जा रही है, यह बहुत ही खतरनाक स्थिति है। सभी राजनीतिक दलों के लोगों और राजनेताओं को सोचना पड़ेगा कि हम एक-दूसरे को पीछे करने के चक्कर में किनको आगे कर रहे हैं। कौन-कौन से तर्क गढ़ते चले जा रहे हैं।

नेताओं के प्रति घृणा पैदा हो रही है, यह बात सही है, लेकिन उसके साथ-साथ आकर्षण भी है। आप देखेंकि सबसे अधिक प्रभाव भी राजनीति करने वाले लोगों का होता है। दोनों ही बातें हैं। यह एक बड़े ही द्वंद्व जैसी स्थिति है, जो इस समाज में दिखेगी, जिसके लिए जान देते हैं, वोट देते हैं।

परिवारवाद

परिवारवाद जो लोग कर रहे हैं, वे तो सामाजिक न्याय के सबसे बड़े दुश्मन हैं। उनको अहसास नहीं कि वे क्या कर रहे हैं। लोकतंत्र में परिवारवाद का कहां स्थान हो सकता है। लोकतंत्र में सबको आजादी है। लोग यह तर्क देते हैं कि हमारे परिवार के लोगों को भी आजादी है, हां-आजादी तो है। नदी में वे खुद तैरना तो सीखें।

लोकतंत्र

भारतीय समाज में एक गजब द्वंद्व है, लेकिन यह लोकतंत्र का कमाल है और मुझको लगता है कि लोकतंत्र में इतनी जीवंतता है, ऐसा लगता है कि अब वह क्रिटिकल प्वाइंट तक पहुंच रहा है, जहां उससे जनमत पैदा हो रहा है और उस जनमत के प्रभाव पर सभी राजनीतिक दलों को यह सोचने के लिए मजबूर होना पड़ेगा, जहां से वे यह नहीं कह पाएंगे कि आपने ऐसा किया था, लिहाजा हम भी यही कर रहे हैं।

(बीबीसी के पटना संवाददाता मणिकांत ठाकुर की बातचीत के आधार पर)

नीतीश : विकास की गारंटी

यह बड़े ही आश्चर्य की बात है कि जहां पिछले 2 दशकों में हमारे देश की प्रति व्यक्ति आय बड़े पैमाने पर बढ़ी, वहीं देश की आधी से अधिक आबादी के लिए जीवनयापन की मूलभूत सुविधाएं भी दुर्लभ हैं।

आजादी के 68 वर्षों बाद भी, लगभग 20 करोड़ आबादी के घरों तक बिजली नहीं पहुंच पाई है। महज 30 प्रतिशत ग्रामीण घरों को पाइप का पानी मिलता है और करीब 75 प्रतिशत बसावटों के एक किलोमीटर की दूरी तक कोई पक्की सड़क उपलब्ध नहीं है।

इसके साथ ही क्षेत्रीय या प्रादेशिक प्रगति का भी देशभर में काफी अलग प्रारूप रहा है और रफ्तार भी भिन्न रही है। जिन प्रदेशों ने सामाजिक विकास में निवेश किया, उन्हें दीर्घकालीन सफलता प्राप्त हुई। तमिलनाडु, केरल एवं हिमाचल प्रदेश जैसे भारतीय राज्य, जिन्होंने इस प्रकार के 'समन्वय विकास' को वास्तविकता का रूप दिया, वह बाकी राज्यों के लिए एक मिसाल है।

निरंतर सामाजिक नीतियों के कारण शिक्षा, स्वास्थ्य और अन्य इंफ्रास्ट्रक्चर जैसे सड़क, बिजली, पानी के क्षेत्र में लागू होने से ये प्रदेश ह्यूमन डवलपमेंट इंडेक्स (मानव विकास सूचकांक) में अग्रणी है। इसके साथ ही ज्ञात होता है कि सामाजिक उन्नति होने से इनका आर्थिक विकास भी मजबूत होता जा रहा है। इससे स्पष्ट होता है कि निरंतर आर्थिक विकास के लिए भी मानव विकास में निवेश करना अत्यंत अनिवार्य है। पिछले 10 वर्षों में बिहार ने भी अभूतपूर्व संपूर्ण समृद्धि का अनुभव किया है। यह सरकार के सामाजिक इंफ्रास्ट्रक्चर को पुख्ता करने व बढ़ावा देने के प्रयासों से ही संभव हो सका है। राज्य के उज्ज्वल भविष्य की नींव रखी जा चुकी है। 'न्याय के साथ विकास' की विचारधारा से प्रेरित नीतीश सरकार ने कानून का राज कायम किया और प्रदेश की उन्नति की ओर बढ़ाया।

राज्य में सुशासन होने से हर तबके तक मूलभूत सुविधाएं पहुंचीं। 17.99 फीसदी की दशकीय सकल राज्य घरेलू उत्पाद (जीएसडीपी) दर पर बढ़ते हुए बिहार ने

ज्यादातर सामाजिक-आर्थिक सूचकों पर राष्ट्रीय औसत से भी बेहतर प्रदर्शन किया है।

प्रति व्यक्ति आय की बढ़ोतरी के साथ ही कृषि, उद्योग एवं सेवा क्षेत्र के जीएसडीपी में भी बढ़ोतरी दर्ज की गई है। बिजली की आपूर्ति में हुई 4 गुना वृद्धि से राज्य के 40,000 में से 36,000 बसावटों तक बिजली पहुंच चुकी है। सड़कों की संख्या एवं लंबाई में 2 गुनी बढ़ोतरी हुई है। पिछले 10 वर्षों में जहां प्राथमिक विद्यालयों के नामांकन दर में 99 फीसदी एवं टीकाकरण दर में 60 फीसदी की बढ़ोतरी दर्ज की गई, वहीं शिशु मृत्यु दर में आई तीव्र गिरावट राष्ट्रीय औसत से भी अधिक रही है। नीतीश का यह मानना है कि गत 10 वर्षों में बिहार में हुए विकास को अगले चरण में ले जाने के लिए यह समय उचित है।

नीतीश के निश्चय - 'विकसित बिहार के सात सूत्र' - यह सुनिश्चित करेगा कि राज्य में ही युवाओं को शिक्षा एवं रोजगार के बेहतर अवसर मिलें। महिला सशक्तिकरण को और आगे बढ़ाया जाए तथा हरेक नागरिक तक जीवन-यापन की मूलभूत सुविधाएं पहुंचे।

रोजगार एवं शिक्षा के अवसरों को बढ़ाने के उद्देश्य से प्रेरित 'आर्थिक हल, युवाओं को बल', राज्य के करोड़ों युवाओं को आत्मनिर्भर बनाते हुए उनके भविष्य को सुरक्षित करने में सहायक होगा।

राज्य सरकार द्वारा 20 से 25 वर्ष की आयु के युवाओं को बेरोजगारी भत्ते के रूप में प्रतिमाह 1,000 रुपये दिए जाएंगे। यह भत्ता 9 महीनों तक दिया जाएगा और इसका लाभ 2 बार प्राप्त किया जा सकता है। 12वीं की परीक्षा में सफल हुए छात्र-छात्राओं को सरकार द्वारा स्टूडेंट क्रेडिट कार्ड प्रदान किया जाएगा, जिससे वे अपनी उच्च शिक्षा के लिए न्यूनतम दर पर ऋण ले सकें।

स्व-रोजगार को प्रोत्साहन देने के लिए 500 करोड़ का वेंचर कैपिटल फंड स्थापित किया जाएगा तथा राज्य के सभी कॉलेज एवं विश्वविद्यालयों में मुफ्त वाई-फाई (इंटरनेट) की सुविधा उपलब्ध कराई जाएगी। इसके साथ ही राज्य के सभी जिलों में पंजीकरण एवं आधुनिक रोजगार परामर्श केंद्रों की स्थापना पर डेढ़ करोड़ युवाओं को भाषा एवं संवाद कौशल, बुनियादी कंप्यूटर ज्ञान व अन्य कौशल प्रदान किए जाएंगे।

सात्र सूत्रीय फार्मूला

1. *आर्थिक हल, युवाओं को बल*
2. *आरक्षित रोजगार, महिलाओं को अधिकार*
3. *हर घर बिजली लगातार*
4. *हर घर नल का जल*
5. *घर तक पक्की गली नालियां*
6. *शौचालय निर्माण, घर का सम्मान*
7. *अवसर बढ़ें, आगे बढ़ें*

महिला सशक्तिकरण की मुहिम को आगे बढ़ाते हुए 'आरक्षित रोजगार,

महिलाओं का अधिकार' के तहत राज्य की सभी सरकारी नौकरियों में महिलाओं को 35 फीसदी आरक्षण दिया जाएगा।

'हर घर बिजली लगातार' के द्वारा अगले 2 वर्षों में बचे हुए सभी गांवों और बसावटों का विद्युतीकरण पूरा करने के साथ ही राज्य के हर एक घर तक 24 घंटे लगातार बिजली के सपने को साकार किया जाएगा। राज्य के सभी घरों को स्वच्छ पेयजल मिले, यह सुनिश्चित करने के लिए 'हर घर नल का जल' के तहत हर घर तक पाइप द्वारा जल की सुविधा पहुंचाई जाएगी।

'घर तक पक्की गली-नालियां' के तहत राज्य की हर बसावट तक पक्की गली एवं नालियों का निर्माण किया जाएगा। खुले शौच से मुक्त, स्वस्थ और स्वच्छ बिहार के लिए 'शौचालय निर्माण, घर का सम्मान' के तहत हर घर में शौचालय की व्यवस्था की जाएगी। 'अवसर बढ़ें, आगे बढ़ें' के अंतर्गत राज्य में मेडिकल एवं टेक्निकल शिक्षण संस्थानों का निर्माण होगा।

वर्तमान अनुमानों से ज्ञात होता है कि बिहार के पास योजनागत व्यय के लिए लगभग 4 लाख करोड़ का आंतरिक संसाधन उपलब्ध होगा, जिसमें से 2.7 लाख करोड़ रुपये का उपयोग इन जन-कल्याणकारी योजनाओं के लिए किया जाएगा। यदि जनता ने फिर से मुझे अधिकृत करे तो और में उसे पूर्ण विश्वास दिलाता हूं कि मैं अगले 5 सालों में निरंतर और सुचारू रूप से कार्य कर निर्धारित समय में यह विकास लाकर दिखाऊंगा।

यह मेरा विश्वास है कि 'नीतीश निश्चय' राज्य की जनता के संपूर्ण कल्याण के लिए अनुकूल परिस्थितियों का सृजन करेगा, जिससे बिहार में सतत और समावेशी विकास आगे भी होता रहे।

(... नीतीश कुमार की कलम से)

विज़न : नीतीश कुमार

बिहार के लोगों की सेवा करने का जो अवसर मिला है, उसके लिए मैं आभारी हूं। इतिहासकार भरोसे के साथ कहते हैं कि प्राचीन भारत का गौरवशाली इतिहास प्राचीन बिहार का इतिहास है। वैसे आज यह आम जानकारी है कि बिहार भारत का सबसे गरीब राज्य है और अगर दुनियाभर के राज्यों से इसकी अलग से तुलना की जाए तो यह दुनिया का सबसे गरीब राज्य है।

क्या यही सब कुछ है ? मैं ऐसा नहीं सोचता। मैं मानता हूं कि बिहार देश में बहुत बड़ी संभावनाओं वाला राज्य है और विकसित भारत की कहानी विकसित बिहार की कहानी के बिना संभव नहीं है। मैं इसे यथार्थ में बदलने के लिए काम करता रहा हूं और करता रहूंगा।

बिहार की ताकत इसके लोगों में, खासकर यहां की महिलाओं, यहां के नौजवानों, इसकी उपजाऊ जमीन, इसके प्रचुर जल स्रोतों, हजारों वर्षों की इसकी समृद्ध विरासत और बड़ी तेजी से फैल रहे बहु कुशल अनिवासी बिहारियों में है।

साथ-ही-साथ, बिहार में बहुत सारे कमजोर मोर्चे भी हैं। बिहार में बुनियादी ढांचे और संसाधनों की कमी ने ज्ञान सृजन में एक बड़ी कमी को जन्म दिया है। इसके अलावा, बिहार चारों तरफ से जमीन से घिरा है। झारखंड के बिहार से अलग होने के बाद, बिहार के पास प्राकृतिक संसाधन भी नहीं रह गए। कुछ अंतर्निहित कमजोरियां थीं, जिनसे राज्य को जूझना है।

लेकिन बिहार का भविष्य उज्ज्वल है। बिहार की मजबूती कोई उससे छीन नहीं सकता, जबकि उसकी कमजोरियां दूर करने के लिए व्यवस्थागत ढंग से काम किया जा सकता है। इसी बिंदु पर सबसे ज्यादा अवसर बने हुए हैं। किसी भी दूसरे राज्य को सुशासन और नीति-निर्माण से उतना फायदा नहीं हो सकता, जितना बिहार को। यह केंद्र सरकार की जिम्मेदारी है कि वह देश के भीतर बढ़ती विकराल गैर-बराबरी को सहायक नीति-निर्माण के जरिये दूर करे। विशेष राज्य का दर्जा ऐसा ही नीतिगत कदम है।

आज बिहार तकनीक की मदद से विकास के कई डग एक साथ भर रहा है।

डिजिटल क्षमता से लैस बिहार किफायती तरीके से बेहतर स्तर की शिक्षा, स्वास्थ्य सुविधाएं और सामाजिक कल्याण मुहैया करा रहा है। मिड-डे मील योजना का ऑनलाइन मॉनिटनिंग इस दिशा का अच्छा उदाहरण है। राज्य के मूल बुनियादी ढांचे की बेहतरी, बेहतर शिक्षा और युवाओं के प्रशिक्षण, दुरुस्त कानून-व्यवस्था और बिजली की उपलब्धता निवेश और उद्यमिता की बेहद जरूरी बुनियाद रख रही है। बैंकों से मिलने वाला कर्ज निजी क्षेत्र और छोटे उद्यमियों के विकास को बढ़ावा देने में काफी अहम भूमिका निभा रहा है। इस फ्रेम में, आप जहां भी देखें, निवेश की एक भूमिका है। चाहे वह बुनियादी सुविधा के विकास में हो, नौजवानों के कौशल और ज्ञान को बढ़ावा देने में हो या निवेश और उद्यमिता को सक्षम बनाने में हो। बिहार में निवेश का मामला सरल है और यह निवेशकों, राज्य और समाज को बिलकुल समयबद्ध फायदा देगा।

इसके अलावा खेती के खाके पर भी काम चलता रहना चाहिए, जो भारत को दूसरी 'हरित क्रांति' की तरफ ले जाने के लिए राज्य द्वारा खींचा गया है, जिसकी मैं अक्सर एक 'सतरंगी क्रांति' की तरह कल्पना करता हूं। बिहार छोटे किसानों का राज्य है, जिनके पास देश की सबसे उपजाऊ भूमि है। खेती का खाका साफ-तौर पर ऐसा नीतिगत दृष्टिकोण बनाता है, जिससे खेती महत्त्वपूर्ण ढंग से और उत्पादक हो सके।

शहरीकरण, वह एक और अहम क्षेत्र है, जहां बिहार में अवसर-ही-अवसर हैं। आज बिहार के 9 में से एक ही आदमी शहरी इलाके में रहता है। इसे स्वाभाविक ढंग से बढ़ाना है और अगले 10 साल में कम-से-कम दोगुना हो जाना है। राज्य इस सूरत का फायदा उठा सकता है। बस यह सुनिश्चित करें कि बिहार के शहरी केंद्र बेहतर ढंग से नियोजित हो। वहां बिजली हो और वे रोजगार सृजन के लंगर बन सकें। आधुनिक तकनीकी के साथ इसे कहीं बेहतर रफ्तार और सुनिश्चित परिणामों के साथ हासिल किया जा सकता है।

बिहार के लिए एक अहम मौका राज्य के अनिवासी लोगों का बहुत बड़ा आधार है, जिनके पास तरह-तरह के कौशल हैं और ढेर सारे संसाधन हैं। राज्य में उनका जुड़ाव सिर्फ संपत्ति और उसके विस्तृत परिवार तक ही सीमित नहीं है, जो राज्य में रहा है, बल्कि उनसे एक गहरा भावनात्मक जुड़ाव है। उनको बिहार के विकास के लिए काम करने को प्रेरित करता है। मैं इसे बहुत बड़ी संभावना के तौर पर देखता हूं कि अनिवासी बिहारियों के ज्ञान, साधनों और उनकी आकांक्षाओं को राज्य के विकास के मुद्दे की तरफ मोड़ा जा सकता है।

मुझे उन खतरों का भी पूरा-पूरा अहसास है, जो बिहार लगातार झेल रहा है। एक तो, राज्य प्राकृतिक आपदाओं खासकर बाढ़ और आकाल का मारा है। पहले से ही बढ़ा हुआ यह खतरा जलवायु परिवर्तन को देखते हुए और बड़ा हो सकता है। दूसरे, बेहद घनी आबादी वाले और गरीब राज्य में जाति और धर्म अहम भूमिका निभाते

हैं, इसलिए बिहार अन्याय, निष्क्रयता और विभाजक ताकतों का भी आसान शिकार है। जहां सक्रिय शासन से प्राकृतिक आपदा के खतरों को कम किया जा सकता है, वहीं सामाजिक मोर्चे पर राज्य को सहनशील बनाने का इकलौता उपाय न्याय के साथ विकास का नजरिया है।

मजबूतियों का पूरा-पूरा इस्तेमाल करना होगा, नौजवानों में आगे बढ़ने और योगदान करने का हुनर हासिल करना होगा, महिलाओं को समाज में अपनी समुचित भूमिका निभानी होगी। अपनी जमीन की उत्पादकता बढ़ानी होगी, जल संसाधनों के इस्तेमाल को उत्पादक बनाना होगा और दुनियाभर के लोगों को अपनी समृद्ध सांस्कृतिक विरासत का अनुभव कराना होगा। कमजोरियों को कम करना होगा, इसके लिए चाहे जो भी करना पड़े। बिहार को आधारभूत ढांचे, संस्थाओं और ज्ञान के मामले में बराबरी हासिल करनी है, यह राज्य और केंद्र सरकार की जिम्मेदारी है।

अक्सर लोग बिहार के चूके हुए मौकों की बात करते हैं, अब और नहीं। मेरी कल्पना ऐसा दृष्टिकोण विकसित करने की है, जिससे बिहार अपने अवसरों का पूरा इस्तेमाल करेगा। हमारे नौजवान लड़के-लड़कियां और जो करोड़ों में हैं, बेहतर प्रशिक्षित होंगे और किसी भी दूसरे राज्य के लोगों से सक्षम होंगे। हमारे नगर और शहर बेहतर जीवन स्तर और रोजगार के अवसर मुहैया कराएंगे। राज्य उद्यमियों और निवेशकों के हब के रूप में विकसित होगा। साथ ही, हमारे गांव आत्मनिर्भर और जीवंत होंगे। इस बार बिहार दूसरी 'हरित क्रांति' में सिर्फ शामिल ही नहीं होगा, बल्कि उसका नेतृत्व भी करेगा।

जहां मैं इन लक्ष्यों की ओर काम कर रहा हूं, मैं लोगों के लिए सबसे अहम संदेश भी साफ कर दूं। मैं एक ऐसा राज्य बनाने में लगा हूं, जो हमेशा-हमेशा के लिए कुशासन की छाया से मुक्त हो जाए। यह ख्याल और डर कि बिहार कभी भी गैर-जिम्मेदार हुकूमत और कानून-व्यवस्था की ओर लौट सकता है, लोगों के दिलों-दिमाग से दूर होना चाहिए।

मेरी मूल ताकत सुशासन, समग्र विकास और सामाजिक समरसता देने की क्षमता है। जैसा कि मैंने बीते सालों में कोशिश की है, मेरी हसरत एक ऐसा राज्य बनाने की है, जहां मजबूती संस्थागत हो जाए। मैं यह कोशिश हमेशा-हमेशा जारी रखते हुए, ऐसा राज्य बनाना चाहता हूं, जो सकारात्मक भविष्य, जीवंत संस्कृति और टिकाऊ समरसता की दास्तान को भरोसे के साथ आगे ले जा सके।

(... नीतीश की कलम से)

क्रांतिकारी विकास

मुख्यमंत्री नीतीश कुमार के शासन में बिहार की व्यवस्था में आमूल-चूल सुधार आया है, जिसकी वजह से राज्य की आमदनी में वृद्धि हुई। वित्तीय प्रक्रिया का प्रबंधन बेहतर हुआ है। जरूरत व प्राथमिकताओं के हिसाब से संसाधनों का आवंटन करने में मदद मिली। यही नहीं, इन सुधारों ने न सिर्फ राजस्व वसूली बढ़ाने में मदद की, बल्कि प्रदेश के वित्तीय संस्थानों की पहुंच राज्य के दूरदराज इलाकों में रहने वालों तक भी हुई है।

उठाए गए कदम

अधिक प्रभावशाली बजटीय और वित्तीय नियंत्रण के लिए सभी विभागों में आंतरिक वित्तीय सलाहकार सेल का गठन किया गया। कार्यप्रणाली को पूर्णतया स्वचालित बनाने के लिए राजकोषीय सुधारों की शुरुआत की गई। नुकसान रोकने में सक्षम ये सुधार बेहद कारगर साबित हुए।

- वर्ष 2011 में 'बिहार ट्रेजरी कोड' लागू किया गया। 30 जिलों में ट्रेजरी बिल्डिंग का निर्माण पूरा कर लिया गया। बेहतर कर वसूली व प्रबंधन के लिए वाणिज्य कर विभाग को स्वचालित बनाने की ओर ध्यान दिया गया। जनहित में बिहार मूल्य संवर्धित कर (अधिनियम 200) के तहत वैट 13.5 प्रतिशत से घटाकर 5 प्रतिशत कर दिया गया।
- बैंकों की शाखाओं की संख्या में 158 प्रतिशत की बढ़ोत्तरी हुई। यानी 2005-06 में जहां कुल 3,989 शाखाएं थीं, वहीं 2014-15 में 6,297 शाखाएं हो गईं। सरकार द्वारा बैंकों को अधिक-से-अधिक ऋण देने के लिए प्रोत्साहित किया गया। नतीजा लोन वितरण में 628 प्रतिशत की भारी वृद्धि हुई।

  वर्ष 2005-06 में जहां 14,808 करोड़ कर्ज दिए गए थे, वहीं 2014-15 में 93,027 करोड़ कर्ज दिए गए। गांव-गांव तक बैंक की सुविधा पहुंचाने के लिए 12,995 बैंक प्रतिनिधि/व्यापार समन्वयक नियुक्त किए गए। भोले-भाले लोगों को अधिक ब्याज का वादा कर, पैसे जमा करा लेने वाली गैर-बैंकिंग

कंपनियों के खिलाफ त्वरित कार्यवाही के लिए सभी 9 मंडल मुख्यालयों में विशेष अदालत का गठन किया गया। मामले के त्वरित निपटारे के लिए मुख्य न्यायिक मजिस्ट्रेट, सह अतिरिक्त सत्र न्यायाधीश को और अधिक अधिकार दिए गए। निवेशकों और जकाकर्ताओं के हितों की रक्षा के लिए चिट फंड अधिनियम 1982 के अंतर्गत वर्ष 2014 में बिहार को रजिस्ट्रार चिट्स के रूप में अधिसूचित किया गया।

- बिहार वित्तीय अधिनियम 2006, 2007, 2010, 2011, 2012, 2013, 2014 और 2015 के तहत विभिन्न करों को अधिक तर्कसंगत बनाया गया। आकस्मिक कोष को राज्य व्यय बजट का 4 प्रतिशत तक बढ़ाने के लिए बिहार आकस्मिकता निधि (संशोधन) अधिनियम 2015 लागू किया गया। वर्ष 2015 में 'बिहार एपरोपरिएशन रिपील एक्ट' लागू किया गया। वर्ष 2013 में जमाकर्ता हित संरक्षण (संशोधन) अधिनियम लागू किया गया।
- करदाता व्यापारियों को प्रोत्साहित करने के लिए 'भामाशाह सम्मान योजना' और 'वाणिज्य कर रत्न योजना' शुरू की गई। सरकार के बेहतर वित्तीय प्रबंधन पर ध्यान देने के बहुत अच्छे नतीजे मिले हैं, न केवल सरकार ने वित्तीय संस्थानों और कार्यप्रणालियों को मजबूत बनाया है बल्कि इन सुधारों से बिहार की जनता को बेहद लाभ पहुंचा है।

उपलब्धियां और प्रभाव :

- बिहार की प्रति व्यक्ति सकल राज्य घरेलू उत्पाद (पीसीजीएसडीपी) औसतन 16.3 प्रतिशत वार्षिक की दर से बढ़ा। यानी वर्ष 2004-05 में जहां यह 7,914 करोड़ था, वहीं वर्ष 2014-15 में यह बढ़कर 36,143 करोड़ रुपए हो गया। बिहार राजकोषीय उत्तरदायित्व एवं बजट प्रबंधन अधिनियम को ध्यान में रखते हुए सरकार ने राजकोषीय घाटा 3 प्रतिशत तक सीमित रखा है। विवेकपूर्ण राजकोषीय प्रबंधन की वजह से 2004-05 के बाद से बिहार के पास लगातार राजकोषीय बचत है।
- नीतीश सरकार के शासनकाल में बिहार का सार्वजनिक ऋण 2004-05 में सकल राज्य घरेलू उत्पाद (जीएसडीपी) के 40 प्रतिशत से घटकर 2014-15 में 18.5 प्रतिशत रह गया है।
- नीतीश सरकार के शासन में बिहार की कर वसूली वार्षिक 20.4 प्रतिशत की दर से औसतन बढ़ी है। यानी वर्ष 2004-05 के 3,374 करोड़ से बढ़कर 2014-15 में यह 20,750 करोड़ रुपये हो गई। बिहार के वाणिज्य कर विभाग ने पिछले 9 वर्षों में वाणिज्य कर वसूली में 6 गुनी बढ़ोत्तरी दर्ज की है। वर्ष 2005-06 में

यह 2,390 करोड़ थी, जो वर्ष 2014-15 में 13,758 करोड़ रुपये पहुंच गई। मुख्यमंत्री नीतीश कुमार के नेतृत्व में बिहार का कुल व्यय औसतन 17 प्रतिशत सालाना बढ़ा है। कुल व्यय वर्ष 2004-05 में 20,058 करोड़ था। वर्ष 2014-15 में बढ़कर यह 94,698 करोड़ रुपये पहुंच गया।

- बिहार का कुल योजनागत व्यय औसतन 32 प्रतिशत वार्षिक की दर से बढ़ते हुए वर्ष 2004-05 के 3,124 करोड़ से बढ़कर वर्ष 2014-15 में 43,932 करोड़ रुपये हो गया। बिहार की पंजीकृत राजस्व प्राप्ति वर्ष 2005-06 में 566 करोड़ से 5 गुना बढ़कर वर्ष 2014-15 में 2,903 करोड़ रुपये हो गई।
- नीतीश कुमार के शासन काल में कुल बजट अनुमान 2005-06 के 26,329 करोड़ से बढ़कर वर्ष 2014-15 में 1,20,685 करोड़ रुपये तक पहुंच गया। बिहार की आबकारी राजस्व प्राप्ति 10 गुना बढ़ गई है। वर्ष 2005-06 में यह 320 करोड़ थी, जो वर्ष 2014-15 में बढ़कर 3,218 करोड़ रुपये हो गई। नीतीश सरकार के शासन में ऋण-जमा अनुपात में लगातार सुधार हुआ है।

बैंक शाखाओं की संख्या में 158 प्रतिशत की वृद्धि होने से नागरिकों को बैंकिंग सुविधाएं हासिल करने में अब और आसानी होती है। सरकार द्वारा बैंकों को प्रोत्साहन प्रदान करने की वजह से आम जनता के लिए लोन हासिल करना पहले से अधिक आसान हो गया है।

- भामाशाह सम्मान योजना और वाणिज्य कर रत्न योजना के अंतर्गत सरकार ने 832 व्यापारियों को सम्मानित किया है।

खनन विभाग में राजस्व उगाही 9 गुना और परिवहन विभाग में 4 गुना बढ़ गई है। बिहार को इन सब कामों के लिए अंतर्राष्ट्रीय स्तर पर पहचान भी मिली। सन् 2013 में सिंगापुर के फ्यूजर गवर्नमेंट इंस्टीट्यूट ने राज्य सरकार को 'गवर्नमेंट सीएफओ अवार्ड 2013' से सम्मानित किया। नीतीश कुमार के नेतृत्व में बिहार की वित्तीय प्रणाली, प्रक्रियाओं, कानूनों और प्रबंधन में लगातार सुधार जारी है, ताकि राज्य मजबूत वित्तीय नियंत्रण व संतुलन बनाए रखे और दिनोंदिन ऐसे ही तरक्की करता रहे।

रिपोर्ट कार्ड-2015

लगभग 200 पन्ने की इस रिपोर्ट में सरकार के हर विभाग के बीते 10 सालों की उपलब्धियों के बारे में विस्तार से बताया गया है। रिपोर्ट कार्ड जारी करते हुए नीतीश कुमार ने दावा किया कि उन्होंने राज्य में कानून-व्यवस्था को लागू किया है और सूबे का विकास हुआ है।

रिपोर्ट कार्ड के कुछ बड़े दावे

- जनता से सीधा संवाद कायम करने और उनकी परेशानियों को दूर करने के लिए 'जनता के दरबार में मुख्यमंत्री' कार्यक्रम की शुरुआत की गई। 20 अप्रैल, 2006 से अब तक कुल ऐसे 232 कार्यक्रम आयोजित किए गए हैं और इनमें मिले 2 लाख से अधिक आवेदनों का निपटारा कर दिया गया है।
- नागरिकों को तय समय में लोक सेवाएं उपलब्ध कराने के लिए 15 अगस्त, 2011 में बिहार लोक सेवाओं का प्राधिकार अधिनियम लागू किया गया। इसके तहत अब तक मिले 10 लाख से अधिक आवेदनों का निपटारा कर दिया गया है।
- बिहार पहला राज्य बना, जहां महिलाओं को पंचायत और नगर निकाय चुनाव में 50 फीसदी आरक्षण दिया गया। साथ ही शिक्षकों की नियुक्ति में भी महिलाओं को 50 फीसदी आरक्षण मिला। सिपाही और पुलिस अवर निरीक्षकों की सीधी बहाली में भी महिलाओं के लिए 35 फीसदी आरक्षण मिला।
- साल 2004-05 में राज्य का सकल घरेलू उत्पाद करीब 78 हजार करोड़ रुपये था, जो साल 2014-15 में बढ़कर 4 लाख करोड़ रुपये से अधिक हो गया। इस दौरान वर्तमान मूल्य पर वार्षिक औसत वृद्धि दर करीब 18 फीसदी रही।
- वर्ष 2005 के मुकाबले 2015 में प्रति व्यक्ति बिजली की खपत 70 किलोवाट से बढ़कर 203 किलोवाट हो गई। 2005 में शहरों को औसत 6 से 8 घंटे और गांवों को 2 से 3 घंटे बिजली मिलती थी, लेकिन अब यह उपलब्धता शहरों में बढ़कर 22 से 24 घंटे और गांवों में 15-16 घंटे हो गई है।
- वर्ष 2005 में शिशु मृत्यु दर 61 थी, जो घटकर 21 रह गई है। मातृ मृत्यु दर

312 से घटकर 208 रह गई है। वर्ष 2005 में करीब 19 फीसदी बच्चों का ही टीकाकरण हो पाता था, लेकिन अब 78 प्रतिशत बच्चों का नियमित टीकाकरण होता है। बिहार में पोलियो खत्म किया जा चुका है। बीते 4 सालों से पोलियो का एक भी नया मामला दर्ज नहीं हुआ है।

- वर्ष 2005-06 के मुकाबले साल 2014-15 में चावल और गेहूं के उत्पादन में 100 फीसदी से ज्यादा की बढ़ोतरी हुई है।
- साल 2005 में शिक्षकों की कुल संख्या 2 लाख 7 हजार 343 थी, जो वर्ष 2015 में दोगुनी से अधिक बढ़कर 4 लाख 26 हजार 849 हो गई है।
- सूबे के किसी भी कोने से अब राजधानी पटना 6 घंटे में पहुंचा जा सकता है। अब इस समय सीमा को घटाकर 5 घंटे करने का लक्ष्य रखा गया है। इसके लिए कार्य योजना बनाई जा रही है।
- साल 2006 से अब तक मुख्यमंत्री सेतु निर्माण योजना के तहत 4,689 बड़े पुल बनाए गए हैं। मुख्यमंत्री ग्राम सड़क योजना के तहत अब तक करीब 7 हजार किलोमीटर ग्रामीण सड़कें बनाई जा चुकी हैं।

नीतीश कुमार का मंत्रिमंडल

1. **नीतीश कुमार- मुख्यमंत्री**-सामान्य प्रशासन, गृह निगरानी, निर्वाचन, सूचना एवं जन संपर्क
2. **तेजस्वी यादव- उपमुख्यमंत्री**-पथ निर्माण, भवन निर्माण, पिछड़ा एवं अति पिछड़ा वर्ग कल्याण विभाग
3. **तेजप्रताप यादव**- स्वास्थ्य एवं पर्यावरण विभाग
4. **ललन सिंह उर्फ राजीव रंजन**- जल संसाधन विभाग, योजना एवं विकास
5. **आलोक कुमार मेहता**- सहकारिता
6. **अब्दुल बारी सिद्दकी**- वित्त विभाग
7. **डॉ. अशोक चौधरी**- शिक्षा एवं सूचना प्रौद्योगिकी
8. **अब्दुल जलील मस्तान**- निबंधन, उत्पाद एवं निषेध
9. **श्रवण कुमार**- ग्रामीण विकास, संसदीय कार्य
10. **जयकुमार सिंह**- उद्योग, विज्ञान एवं प्रौद्योगिकी
11. **शिवचंद्र राम**- कला, संस्कृति एवं युवा
12. **रामविचार राय**- कृषि
13. **डॉ. अब्दुल गफूर**- अल्पसंख्यक कल्याण
14. **चंद्रिका राय**- परिवहन
15. **विजेंद्र यादव**- ऊर्जा विभाग
16. **महेश्वर हजारी**- नगर एवं आवास
17. **कृष्णनंदन प्रसाद वर्मा**- लोक स्वास्थ्य अभियंत्रण, विधि

18. **विजय प्रकाश**- श्रम संसाधन

19. **शैलेश कुमार**- ग्रामीण कार्य

20. **मंजू वर्मा**- समाज कल्याण

21. **चंद्रशेखर**- आपदा प्रबंधन

23. **खुर्शीद उर्फ फिरोज अहमद**- गन्ना उद्योग

24. **मनुश्वर चौधरी**- खान एवं भूतत्व

25. **मदन सहनी**- खाद्य एवं उपभोक्ता संरक्षण

26. **कपिलदेव कामत**- पंचायती राज

27. **अनिता देवी**- पर्यटन

28. **मदन मोहन झा**- राजस्व विभाग

29. **अवधेश कुमार सिंह**- पशु एवं मत्स्य संसाधन

दुनिया ने माना बदला बिहार

नीतीश कुमार के कामकाज की तारीफ केवल भारतीय मीडिया ही नहीं बल्कि विदेशी मीडिया भी धूमधाम से कर रही है। प्रतिष्ठित अखबार **द न्यूयार्क टाइम्स** के अनुसार बिहार में हुए सकारात्मक परिवर्तन और विकास की चर्चा अब अंतरराष्ट्रीय स्तर पर भी होने लगी है। इस अखबार ने बिहार में शिक्षा, सड़क, कानून व्यवस्था जैसे तमाम क्षेत्रों में हो रहे परिवर्तन की सराहना की है। अखबार के मुताबिक, बिहार में हर क्षेत्र में सुधार हो रहा है। ऐसे ही तमाम समाचार पत्रों ने बिहार में हो रहे परिवर्तन की सराहना की है। **न्यूजवीक पत्रिका में जैसन ओवरडोर्फ** ने **सिफर से शिखर** तक आलेख में लिखा है कि, बिहार सदियों से पिछड़ा प्रदेश रहा है। एक समय यहां दुनिया के नामी चक्रवर्ती सम्राट थे। लेकिन बाद में वह पिछड़ता गया। बिहार को सबसे पहले औपनिवेशिक सत्ता ने कमजोर किया। इसके बाद भारत सरकार की नीतियों ने नुकसान पहुंचाया। अंतिम तौर पर सातवें दशक में जाति व वर्ग के बीजों ने इसे करीब-करीब गृहयुद्ध की स्थिति में पहुंचा दिया। सुवर्ण भूस्वामियों की सेनाओं व दलितों के लिए संघर्ष करने वाले क्रांतिकारी गुर्गों के बीच संघर्ष छिड़ गया। जातिवादी राजनीति के कारण लगातार अक्षम व भ्रष्ट सरकारें राज्य की सत्ता पर काबिज़ होती रहीं। राज्य प्रशासन ठप्प पड़ गया। राजपथों की हालत जर्जर हो गई। पुल ध्वस्त हो गए। पार्टी दफ्तरों में पीछे बैठने वाले अपराधी टिकट लेकर विधानसभा पहुंचने लगे। ऐसे अपराधी संसद में भी पहुंच गए। 1990 तक राजपथों पर धड़ल्ले से होने वाली डकैतियों के कारण लोगों ने रात को यात्रा करनी बंद कर दी। कारोबार में लगा तबका राज्य से बाहर भागने लगा। फिरौती के लिए अपहरण राज्य का एकमात्र फलता-फूलता उद्योग बन गया। बिहार को अपराधियों का गढ़ माना जाने लगा। इस तरह बिहार पूरी तरह से एक विफल प्रदेश बन गया। राज्यसभा सांसद नंद किशोर सिंह का कहना है कि संस्थाएं पूरी तरह ध्वस्त हो गई थीं। कानून-व्यवस्था खत्म हो चुकीं थीं।

कुछ चौंकाने वाले आंकड़ों का जिक्र करते हुए **ओवरडोर्फ** ने लिखा है कि, नवंबर 2005 में बिहार के मुख्यमंत्री बने नीतीश कुमार ने असंभव को संभव बना दिया। आर्थिक संकट व लगातार तीन वर्षों तक सूखे व बाढ़ का सामना करने के बावजूद बिहार ने 11 फीसदी विकास दर दर्ज की। अब बिहार देश का दूसरा सबसे तेजी से विकसित होने

वाला प्रदेश बन गया था, उसी प्रदेश में प्रशासन ने 6800 किलोमीटर सड़कें बना दी। 1600 पुलों का निर्माण किया। इससे कई इलाकों में यात्रा का समय आधा हो गया। अब यहां कारों की बिक्री की चर्चा है, अपहरण की नहीं। डकैती की संख्या 1297 से घटकर 640 हो गई। फिरौती के लिए अपहरण की घटना 411 से घटकर 66 रह गई। बिहार ऐसा प्रदेश बन गया था, जहां दिल्लीवासी जाना नहीं चाहते थे। अब बोधगया, जहां बुद्ध को ज्ञान प्राप्त हुआ था, 95 हजार की जगह पिछले दो सालों में तीन लाख 56 हजार लोगों ने प्रवास किया। ये आंकड़ें इतने चौंकाने वाले हैं कि आलोचनाओं से सत्य छुप नहीं सकता। आखिर कैसे बिहार गुजरात की गति से विकास कर रहा है। कई लोगों का कहना है कि बिहार का आर्थिक विकास राज्य के खर्चे के कारण हुआ, निवेश के कारण नहीं। सभी राज्य सरकारें आंकड़ें जमा करती हैं, व **सेंट्रल स्टैटिस्टिकल ऑर्गेनाइजेशन** को अवगत कराती हैं। दूसरें लोगों का कहना है कि नीतीश कुमार ने जरूर आंकड़ों को बढ़ा-चढ़ा कर पेश किया होगा। ये आरोप निश्चित रुप से गलत हैं। आंकड़ों में थोड़ी त्रुटि हो सकती है, लेकिन बड़े स्तर पर धांधली की बात में दम नहीं लगता, क्योंकि स्थितियों में बड़े बदलाव हुए हैं। अर्थशास्त्री व आद्री के प्रमुख **शैबाल गुप्ता** का कहना है कि बिहार स्वतंत्रता के बाद कभी भी कार्यकारी प्रदेश नहीं था। नीतीश कुमार के नेतृत्व में पहली बार प्रदेश ने कुछ काम करना शुरू किया है। राज्य मशीनरी के काम शुरू करते ही इतना बड़ा परिवर्तन आया है। नीतीश कुमार की सफलता ने एक **फेल्ड स्टेट** को आशा की किरण दिखा दी है। बिहार से कई दूसरे प्रदेश सीख सकते हैं कि, जो ऐसी ही समस्याओं का सामना कर रहे हैं। करीब 20 साल पहले **विलियम डलरिंपल** ने एक ऐसे गांव का दौरा किया था, जहां दलित जातियों की गुर्गा आर्मी ने भूस्वामियों का कत्लेआम कर दिया था। यह कत्लेआम भी फसल काटनेवाली फंसूली से किया गया था। तब उन्होंने विलाप करते व ध्वस्त होते बिहार को देखा था। बिहार ने बूथ कब्जा, जाति आधारित सामाजिक उभार व राजनीतिक के अपराधीकरण को राष्ट्रीय परिघटना बनाने में अन्य प्रांतों को राह दिखायी। बिहार की तरह ही पिछड़े प्रदेश उड़ीसा के एक सांसद जय पांडा का कहना है कि यह निराशाजनक विचार सही लगता है। दुनिया के सबसे बड़े **लोकतंत्र** में जाति आधारित गोलबंदी करके अपराधी तत्व संसद तक पहुंचने लगे हैं। आठवें व नौवें दशक में जाति आधारित राजनीति की बाढ़ आ गयी थी, तब विकास का नारा बनना मुश्किल था। मैं समझता हूं कि वह एक दौर था। अब मतदाता उन पुराने आधारों पर वोट देने के बजाय मुद्दों को देख रहा है। मतदाता अब सुशासन व विकास को तव्वजो दे रहा है। वह चाहता है कि उससे किया गया वादा पूरा हो। अपने प्रतिद्वंदी की तरह 60 साल के नीतीश मंजे हुए राजनीतिज्ञ हैं। वे केंद्र में तीन बार मंत्री रह चुके हैं। बुरी लतों से दूर इस नेता की ईमानदारी व सादगी भरे जीवन पर लोगों को भरोसा है। अपने ऐसे ही कई गुणों के कारण वे 2005 में सत्ता में आए। नीतीश ने लाभकारी मानी जाने वाली राजनीति में अपने किसी संबंधी को लाभ नहीं पहुंचाया। अपने भविष्य के लिए धन इकट्ठा करने में वे मशगूल नहीं रहे। इससे मतदाता उन पर

भरोसा करते हैं। बिहार में जहां मुसलमानों व यादवों का समीकरण बना कर सत्ता पर कब्जा किया गया था वहां नीतीश ने एक अलग तरह का समीकरण बनाया। उन्होंने एक नया मोर्चा बनाया। इस मोर्चे में ब्राह्मण व पिछड़े एक साथ हैं। उनके साथ दलित हैं। उन्होंने ऐसा करते हुए मतदाताओं को यह संदेश भी दिया कि वे जाति की रक्षा करने से अधिक विकास को लेकर चिंतित हैं। इस तरह उन्होंने लालू प्रसाद के 15 सालों के शासन के दौरान चलने वाली जाति युद्ध को समाप्त कर दिया।

उक्त करिश्माई नेता ने बड़े भूस्वामियों से नाराज पिछड़ी जाति के गुस्से का लाभ उठाया। पिछली सरकार ने अपने सगे-संबंधियों व अपनी जाति के लोगों को फायदा पहुंचाया। पर्यवेक्षक इसे उस सरकार के लिए नुकसानदेह कदम बताते हैं। खुद पार्टी प्रमुख का नाम करोड़ों रुपये के घोटाले में आया। इसके लिए वे कई बार जेल गए व बाहर निकले। उन पर आय से अधिक संपत्ति जमा करने के भी आरोप हैं।

नीतीश ने सब कुछ पलट दिया। उनका प्रयास असाधारण है। उन्होंने संरक्षण देने की जगह प्रतियोगिताओं को बढ़ावा दिया। सरकारी योजनाओं का लाभ जनता तक पहुंचाने के लिए नीतीश ने सत्ता के अत्यधिक केंद्रीकरण को खत्म कर दिया। उन्होंने अधिकारियों को अधिक अधिकार दिए। छोटी राशि खर्च करने के लिए भी मंत्रियों की सहमति लेने के पुराने नियमों को हटा दिया। इससे बड़े अधिकारियों के टेबल पर फाइलों की ऊंचाई कम हो गई। कैबिनेट की बैठक भी साप्ताहिक होने लगी। पहले साल के साल बीत जाने पर मीटिंग नहीं होती थी। नीतीश ने संस्थाओं की बुनियादी भूमिका को परिभाषित किया। जो कार्य सौंपे जाते हैं, उन्हें पूरा करना होता है। उन्होंने ट्रांसफर इंडस्ट्री को बंद कर दिया। पहले पोस्ट की बिक्री होती थी। अब योग्यता के आधार पर नियुक्ति हो रही है। उन्होंने तीन सालों की पोस्टिंग को स्थायी कर दिया। अब तबादला उसी स्थिति में होता है, जब कोई परिणाम देने में विफल होता है। एक अधिकारी ने 259 पुलों का निर्माण किया। अब उन्हें सड़कें व बिल्डिगों के निर्माण की जिम्मेदारी दी गई है।

पुलिस प्रशासन में खाली पड़े पदों की भरती के लिए वैंकेसी निकाली गई। पुलिसकर्मियों की कमी से प्रदेश अपराधियों के रहमों-करम पर जिंदा था। नीतीश ने सेना के अवकाश प्राप्त ट्रेंड जवानों की भरती की। सेना के ये जवान भारत में 40 साल की उम्र में रिटायर होते हैं। जब भी पुलिस ने किसी बड़ी मछली को पकड़ा, उन्होंने सार्वजनिक तौर पर पुलिस की कार्रवाई का समर्थन किया। बड़े अपराधी पहले सत्ता का संरक्षण पाते थे। ऐसे ही एक सांसद को जेल जाना पड़ा। ये सांसद मुख्य विपक्षी दल के थे। इस सांसद ने पुलिस को गिरतार करने की चुनौती दी थी। नीतीश ने एक होटल में हंगामा करने वाले अपने ही दल के विधायक की गिरफ्तारी भी सुनिश्चित की। पहले कोर्ट से बहुत कम फैसले हो पाते थे। फास्ट ट्रैक कोर्ट बनने से स्थितियां बदल गई। अब अपराधियों को जल्द सजा मिलने लगी। 2006 से 2009 के बीच 39 हजार मामलों में दोष साबित किए गए। इसके पहले के दशक में यह आंकड़ा केवल 10 हजार था। दोषी

साबित होने वालों में कई विधायक व सांसद भी हैं, जिनमें शहाबुद्दीन, पप्पू यादव, मुन्ना शुक्ला जैसे लोग शामिल हैं।

पुलिस व्यवस्था का कोर्ट में सुधार का अर्थव्यवस्था पर अच्छा असर पड़ा है। अब रिक्शाचालक कहते हैं कि वे अधिक पैसे कमा रहे हैं क्योंकि अब लोग रात आठ बजे के बाद भी काम से बाहर आते-जाते हैं। वे कहते हैं कि अब उन्हें पुलिस को घूस नहीं देना पड़ता। रंगदारी भी नहीं देनी पड़ती। नीतीश ने प्रशासन को इस तरह तैयार किया कि अब आवंटित राशि खर्च हो रही है। सड़क बनाने से लेकर प्राइमरी स्कूलों के शिक्षकों की ट्रेनिंग पर 2001 में 320 मिलियन डॉलर खर्च हुए थे। अब यह बढ़कर पिछले साल 3.5 बिलियन डॉलर हो गया। इससे बिहार ने विकास दर के मामले में केंद्र सरकार को पीछे छोड़ दिया। दिल्ली के **सोसाइटी फॉर पार्टिसिपेटरी रिसर्च के निदेशक मनोज राय** के अनुसार पहले सरकारी फंड नीचे तक नहीं पहुंच पाता था। पहले केंद्र के एक रुपये का केवल 15 पैसा नीचे पहुंचता था। कई बार फंड राज्य से जिलों तक नहीं पहुंचता था। अन्य बातों के अलावा एक लाख शिक्षकों की बहाली ने भी बदलाव लाने में अहम भूमिका अदा की। यह शिक्षक बहाली प्राथमिक स्कूलों के लिए थी। ग्रामीण स्वास्थ्य केंद्रों में अब डॉक्टर काम करते हुए दिखते हैं। जिन केंद्रों में एक महीने में 30 मरीज आते थे, अब वहां 3600 मरीज आते हैं। अब लोगों को लगता है कि डॉक्टर उन्हें देखेंगे। हालांकि अब भी बिहार प्रमुख सामाजिक संकेतकों के अनुसार बहुत पीछे हैं। विकास की इस छलांग का लाभ गरीबों में भी गरीब तक अब भी बहुत कम पहुंच रहे हैं। आठ करोड़ 20 लाख बिहारियों में आधे गरीबी रेखा से नीचे के लोग हैं। देश के अन्य हिस्सों में इनकी आबादी 40 फीसदी है। शिशु व मातृ दर अब भी राष्ट्रीय औसत से अधिक है। अब भी 70 फीसदी इलाके सड़कों से नहीं जुड़े है। बिहार का यह बदलाव भारत के लिए ऐतिहासिक है। जब गठबंधन की राजनीति के कारण केंद्रीकरण सीमित हो, तो ग्लोबल पॉवर बनने के लिए राष्ट्र को योग्य, जिम्मेदार प्रादेशिक सरकारों की जरुरत होती है। कुछ अन्य क्षेत्रीय नेताओं में भी ये गुण दिखते हैं। दिल्ली की शीला दीक्षित ने पर्यावरण को सुरक्षित रखते हुए आधारभूत विकास के कई काम किए। 2002 के दंगे के आरोप के बावजूद गुजरात के नरेन्द्र मोदी ने निवेश को आकर्षित करके व रोजगार पैदा करके फिर सत्ता हासिल कर ली। उड़ीसा के नवीन पटनायक ने कानून-व्यवस्था को पटरी पर लाकर तीसरी बार सत्ता पर कब्जा किया। उन्होंने उद्योगों को बढ़ावा दिया व भ्रष्टाचार पर हमला बोला। इनमें एक खास बात यह है कि ये नेता समझ रहे हैं कि अगर वे काम करेंगे तो एंटी इनकंबेंसी फैक्टर का कोई मतलब नहीं है। वे आर्थिक विकास को अंजाम देकर व भ्रष्टाचार को रोक कर फिर से सत्ता में आ सकते हैं।

बिहार के पिछड़ेपन की सर्वाधिक चर्चा के कारण नीतीश कुमार ने सबसे कारगर ढंग से साबित किया कि सबसे अधिक अपराध, भ्रष्टाचार व जातिवाद के बावजूद कोई प्रदेश विकास कर सकता है। हाल के दिनों में नीतीश ने अपने दल के भीतर विद्रोह का भी सामना किया। यह भी गलत लोगों को संरक्षण नहीं देने की उनकी शैली का ही एक

परिणाम है। नीतीश अगले चुनाव में जीतें या हारें पर देश को दिशा देने वाला बिहार साबित करेगा कि भारत का लोकतंत्र व इसके वोटर एक नयी चेतना से लैस हो गए हैं। मनोज राय कहते हैं कि नीतीश चुनाव जीतें या हारें, संदेश बिल्कुल स्पष्ट है। नीतीश के पूर्ववर्ती लालू प्रसाद कहते थे कि विकास से चुनाव नहीं जीता जाता। अब खुद वे विकास की बात करने लगे हैं। अगली बार कोई भी कुर्सी पर बैठे, उसे बिजली सड़क और रोजगार देना होगा। नीतीश ने उस धारणा को खंडित कर दिया है कि सारे नेता एक ही तरह के होते हैं या बदलाव असंभव है। राय कहते हैं कि राजनीतिक तौर पर नीतीश जीत चुके हैं। चुनाव में हो सकता है कि वे हार जायें, लेकिन यह खास बात नहीं है। खास बात यह है कि भारत का सबसे पिछड़ा प्रदेश अब आगे बढ़ रहा है। **न्यूजवीक** में छपे इस लेख के बाद कई विदेशी मीडिया ने नीतीश के कामों की सराहना की। बिहार में विकास वास्तव में एक बड़ी चुनौती थी क्योंकि पुलिस तंत्र कमजोर पड़ चुका था और गुंडागर्दी और भ्रष्टाचार के आगे बिहार की जनता बेबस हो चुकी थी। लेकिन नीती ा ने इन दोनो तंत्रों को सुधारने का जिम्मा पहले तय किया। बिहार में सुशासन लाने के लिए नीतीश कुमार द्वारा चलाई गई कई योजनाओं के कारण ही सफलता हाथ लग सकी। आज नीतीश के कामकाज की तारीफ केवल इसलिए हो रही है कि उन्होंने सुनियोजित तरीके से काम किया और आगे करने का संकल्प कर रहे हैं।

पर्सन ऑफ द ईयर

बिहार विधानसभा चुनाव में धमाकेदार जीत दर्ज कर लगातार दूसरी बार सत्ता में आए मुख्यमंत्री नीतीश कुमार को प्रतिष्ठित पत्रिका **फोर्ब्स इंडिया** ने वर्ष 2010 का 'पर्सन ऑफ द ईयर घोषित' किया है। नीतीश के कामकाज के कारण इस पत्रिका ने उन्हें इस सम्मान के लिए चुना है। फोर्ब्स इंडिया के मुख्य कार्यकारी अधिकारी अजय चाको के मुताबिक बिहार में पिछले पांच साल में नीतीश ने जिस तरह की विकास की राजनीति की है वह बेहद सराहनीय है। नीतीश के बेहतरीन कार्यों को देखते हुए उन्हें पर्सन ऑफ द ईयर का खिताब दिया गया। चाको के मुताबिक नीतीश कुमार ने बिहार में पिछले पांच वर्षों में राजकाज और विकास की दिशा में जबरदस्त काम किया है। लेकिन अभी बहुत कुछ करना बाकी भी है। सुशासन के लिए नीतीश कुमार को और कड़ी मेहनत करनी पड़ेगी। उन्होंने कहा कि कुमार को इस बार जिस तरह का जनादेश मिला है, उससे बिहार के बारे में अवधारणा बदल गई है। इसी का नतीजा है कि बिड़ला, टाटा जैसे बड़े औद्योगिक घराने भी राज्य में पूंजी निवेश के लिए उत्सुक हुए हैं। श्री चाको ने कहा कि हालांकि राज्य में पिछले पांच साल में निजी क्षेत्र को आकर्षित करने में नीतीश को कोई खास सफलता नहीं मिली है। उन्होंने उम्मीद जतायी कि बिहार में जनता दल यूनाइटेड और भारतीय जनता पार्टी की राष्ट्रीय जनतांत्रिक गठबंधन सरकार के दूसरे कार्यकाल में इस बार निवेश दिखायी देगा। अगले साल इस राज्य में करीब 18 हजार करोड़ रुपये का निवेश प्रस्तावित है।

नीतीश कुमार भले 2010 में पर्सन ऑफ द ईयर बने हों लेकिन उनके कामकाज की सराहना पहले से ही होती रही है। देश की प्रमुख पत्रिका इंडिया टुडे ने राज्यों की दशा-दिशा के बारे में अपने आठवें सर्वेक्षण में इस राज्य के सुशासन की तस्वीर पेश की है। **अर्थशास्त्री विवेक देबरॉय** और **लवीश भंडारी** के इस सर्वेक्षण में अनेक चौंकाने वाले तथ्य भी सामने आए हैं। इस सर्वेक्षण में कृषि, उपभोक्ता बाजार, निवेश, स्वास्थ्य, शिक्षा और बुनियादी ढांचे जैसे मानकों पर हासिल सफलता-असफलता के बहाने राज्यों में सुशासन या कुशासन की तस्वीर पेश की गई है। सर्वेक्षण ने समग्र रैंकिंग में बिहार को सबसे तेज राज्य माना है। सर्वेक्षण के अनुसार बिहार ने शासन, स्वास्थ्य और बुनियादी ढांचे में विशेष रुप से सुधार दिखाया है, लेकिन यह भी कहा है कि इसे

निचले पायदान से ऊपर आने में अभी और मशक्कत करनी होगी। मिश्रित रैंकिंग में 10 के पैमाने पर 2008 के 0.74 की तुलना में बिहार को 2010 में 1.3 अंक मिले हैं। जिससे पता चलता है कि तेजी से उभरते राज्यों में इसने सबसे अच्छी प्रगति की है। 12.9 फीसदी की सालाना विकास दर के साथ बिहार ने अच्छा प्रदर्शन करते हुए नई उम्मीदों को जन्म दिया है। करीब 5 साल पहले बिहार के सरकारी अस्पतालों पर शायद ही कभी कोई भरोसा कर पाता था। वर्ष 2009-10 में राज्य के अस्पतालों में होने वाले प्रसवों की संख्या 14.5 लाख हो चुकी है। 2004-05 में यह आंकड़ा सिर्फ 5.45 लाख था। वर्ष 2005-06 में मात्र 39 प्रति माह से बढ़ कर बिहार के प्राथमिक स्वास्थ्य केंद्रों में आने वालों की संख्या अब 4800 हो गई है। बिहार के मुख्यमंत्री नीतीश कुमार के अनुसार हम सभी को समाहित करने वाले विकास पर काम कर रहे हैं, ताकि 2015 तक बिहार को विकसित राज्य बनाया जा सके।

लेकिन विकसित राज्य बनाने के लिए अभी भी बहुत कुछ करना बाकी है। राज्य के उपमुख्यमंत्री सुशील कुमार मोदी स्वीकारते हैं कि एक बात तो सच है कि बिहार में न तो माइन्स है और न ही मिनरल्स। परन्तु बिहार की धरती पर ऐतिहासिक धरोहर है। 24 वाँ तीर्थांकर श्री महावीर की जन्म एवं निर्वाण स्थली, सिखों के दसवें गुरू गोविन्द सिंह का जन्मस्थल, बौद्ध धर्मावलम्बियों के गौतम बुद्ध का ज्ञान स्थल बोधगया, हिन्दुओं के श्राद्ध कर्मस्थली गया भी है। सभी धर्मावलम्बियों को अपने मोक्षस्थल बिहार को अवश्य देखने पहुँचना चाहिए। बिहार में हुए बदलावों का जिक्र करते हुए मोदी कहते हैं, जहाँ भारत में 33 प्रतिशत महिलाओं के लिए आरक्षण का पैमाना है, वहीं बिहार में पंचायत एवं स्थानीय निकायों में महिलाओं को 50 प्रतिशत का आरक्षण दिया गया। बिहार के सरकारी विद्यालयों में हुई दो लाख शिक्षकों की नियुक्ति में एक लाख महिला शिक्षकों की नियुक्ति की गई अर्थात् नियुक्ति में भी 50 प्रतिशत आरक्षण की व्यवस्था की गई। परिणाम स्वरूप हाल में हुए विधान सभा चुनावों में गठबंधन को पुरुषों की अपेक्षा महिलाओं का पाँच प्रतिशत मत अधिक मिला। वर्ग 9 वीं के छात्राओं को दूर में अवस्थित स्कूल पहुँचने में हो रही कठिनाई को दूर करने के लिए साइकिल खरीदने हेतु प्रति छात्रा दो हजार रुपये दिए गए। कक्षा 3,4 एवं 5 के छात्राओं को स्कूल ड्रेस के लिए पाँच सौ रुपये, कक्षा 6,7 एवं 8 के छात्राओं को 700 रुपये दिए गए। लाभार्थियों को राशि मिलने में किसी प्रकार की अनियमितता न हो इसके लिए सीधे नकद स्थानान्तरण की प्रक्रिया अपनाई गई। बिहार के परिपेक्ष्य में मोदी का कहना है कि पूर्व में गाँव की मात्र 45,000 गर्भवती महिलाएँ अस्पतालों में प्रजनन के लिए जाती थी, जो संख्या विगत् 4-5 वर्षों में बढ़कर 12 लाख वार्षिक तक पहुँच गई है। पाँच वर्ष पूर्व जहाँ प्राथमिक स्वास्थ्य केन्द्र में पूरे माह में मरीजों की कुल संख्या 39 होती थी। विगत् 4-5 वर्षों में यह संख्या बढ़कर पाँच हजार तक पहुंच चुकी है। टीकाकरण में जहाँ पूर्व में सिर्फ 11 प्रतिशत की सफलता थी वहीं अब उसी काम के लिए 53 प्रतिशत तक इजाफा हुआ है। राज्य की विकास दर अब ग्यारह प्रतिशत से अधिक है। लगभग सात सौ वर्षो से भी

अधिक पुराना विश्व शिक्षा केन्द्र **''नालन्दा विश्वविद्यालय'' प्रो0 अमर्त्य सेन** की अध्यक्षता में पुनरोसार के क्रम में है। भारत सरकार, बिहार सरकार सहित चीन, जापान, थाइलैंड, सिंगापुर तथा ताइवान आदि देश भी नालन्दा विश्वविद्यालय की पुर्नस्थापना में अत्यधिक रुचि दिखा रहे हैं साथ ही हर सम्भव सहयोग की पेशकश की है। मोदी के अनुसार विश्व के विभिन्न देशों से बोध गया आने वाले पर्यटकों की संख्या देश के किसी भी अन्य पर्यटन स्थल की तुलना में औसतन कहीं अधिक है। मोदी के अनुसार आज बिहार आ रहे पर्यटकों की औसत संख्या गोवा से भी अधिक है।

न्याय के साथ विकास

मुख्यमंत्री नीतीश कुमार न्याय के साथ विकास की बात करते हैं इसलिए उन्होंने न्याय के साथ विकास यात्रा के पांच साल पूरे किए और जनता ने आने वाले पांच साल के लिए उन्हें दूसरी बार फिर मौका दिया है। इसलिए नीतीश के सामने बड़ी चुनौती यह है कि न्याय के साथ विकास की इस यात्रा को कैसे जारी रखा जाए क्योंकि जब तक विकास नहीं होगा और बिहार की जनता को न्याय नहीं मिलेगा तब तक नीतीश की यह यात्रा अधूरी ही कही जा सकती है। न्याय के साथ विकास यात्रा के पांचवें वर्ष पर मुख्यमंत्री नीतीश कुमार ने लिखा है कि आज से करीब पांच वर्ष पूर्व आप सभी के अपार समर्थन और जनादेश का सम्मान करते हुए हमने बिहारवासियों के प्रथम सेवक के रूप में एक जिम्मेदार और संवेदनशील शासन स्थापित करने का संकल्प लिया था। राज्य के सभी वर्गों और समुदायों के सहयोग से हमने इस जिम्मेदारी को पूरी क्षमता से निभाया। अहर्निश काम किया और राज्य की बेहतरी के उपाय किए। हमने वायदा किया था कि आमजनों और प्रदेश की बेहतरी के लिए किए जाने वाले कार्यों का विस्तृत लेखा-जोखा हर वर्ष आपके समक्ष रिपोर्ट कार्ड के रूप में रखेंगे।

वायदे के अनुसार प्रत्येक वर्ष हमने आपके समक्ष अपने कार्यों का रिपोर्ट कार्ड प्रस्तुत किया और आपके मूल्यवान सुझावों तथा सलाह को पूरी तरजीह दी। अब ये पांचवां रिपोर्ट कार्ड आपके सामने प्रस्तुत है। राज्य में **राष्ट्रीय जनतांत्रिक** गठबंधन की सरकार के गठन के समय ही हमने कुछ संकल्प लिए थे। इनमें से प्रमुख थे, राज्य में अमन-शांति, आपसी सदभाव और भाईचारा कायम करना, समाज के सभी वर्गों को साथ लेकर न्याय के साथ विकास के मार्ग पर आगे बढ़ना, बिहार को सही सम्मान दिलाकर प्रदेश और प्रदेशवासियों को नई पहचान देना और ध्वस्त प्रशासनिक व्यवस्था को ठीक कर सुशासन स्थापित करना।

हमारा यह पूर्ण विश्वास है कि बगैर सामाजिक शांति के सामाजिक बदलाव संभव नहीं है। इसलिए हमने कानून का शासन पुनर्स्थापित कर राज्य में भयमुक्त वातावरण, अमन-चैन और सामाजिक सौहार्द कायम किया। पिछले साढ़े चार वर्षों में 47 हजार अपराधियों को सजा मिली। भागलपुर दंगा पीड़ितों को भी न्याय दिलाया गया है। अब लोग अपराधियों से नहीं डरते हैं, बल्कि अपराधी कानून से डरते हैं। देर रात तक आम

आदमी, परिवारों के साथ सड़कों और बाजारों में नजर आते हैं और अपराधी जेलों के भीतर दिखते हैं। पहले लुप्तप्राय हो गई सड़कें अब फिर से चमचमाने लगी है। ग्रामीण क्षेत्रों में अस्पतालों में डॉक्टर और विद्यालयों में अध्यापक तैनात हो गए हैं। हमारी सरकार ने विकास की गति को न केवल पटरी पर लाया, बल्कि उसे विकसित राज्यों की रफ्तार के बराबर पहुंचा दिया है। हमारी सरकार सिर्फ नदियों पर ही पुल नहीं बनाती बल्कि हम समाज में भी विश्वास का पुल बना रहे है। हम एक तबके को दूसरे तबके से जोड़ रहे हैं। बिहार बेहतरी के रास्ते पर है।

पिछले साढ़े चार वर्षों के दौरान महत्वपूर्ण सेक्टरों में तेजी से विकास हुआ है। यदि आपका सहयोग इसी प्रकार मिलता रहा तो बिहार 2015 तक देश के विकसित प्रदेशों में शामिल हो जाएगा। पड़ोसी राज्यों की तुलना में बिहार की औसत वार्षिक विकास दर अधिक तेजी से बढ़ी है। भारत सरकार के आंकड़ों के मुताबिक 2008-09 में राज्य की औसत वार्षिक विकास दर प्रचलित मूल्यों पर 24.33 और स्थिर मूल्यों पर 16.59 प्रतिशत रही है। हमारी सरकार ने उपलब्ध संसाधनों का सदुपयोग और कुशल वित्तीय प्रबंधन सुनिश्चित किया है। इसके फलस्वरूप राज्य के योजना आकार और योजना व्यय में निरंतर वृद्धि हो रही है। नीतीश कुमार लिखते हैं कि आज हमारा राज्य केवल केंद्र की योजनाओं पर ही निर्भर नहीं है। हमने राज्य में अपने संसाधनों के बलबूते पर 40 से अधिक योजनाएं संचालित की हैं। इन योजनाओं का लाभ समाज के सभी तबको को मिल रहा है। इनमें प्रमुख योजनाएं हैं, **मुख्यमंत्री बालिका साइकिल योजना, मुख्यमंत्री बालक साइकिल योजना, मुख्यमंत्री बालिका पोशाक योजना, मुख्यमंत्री पोशाक योजना, मुख्यमंत्री महादलित पोशाक योजना, मुख्यमंत्री अनुसूचित जाति जनजाति मेधावृत्ति योजना, मुख्यमंत्री अत्यंत पिछड़ा वर्ग मेधावृत्ति योजना, मुख्यमंत्री अल्पसंख्यक विद्यार्थी प्रोत्साहन योजना, मुख्यमंत्री कन्या विवाह योजना, मुख्यमंत्री कन्या सुरक्षा योजना, मुख्यमंत्री सेतु योजना, मुख्यमंत्री ग्राम सड़क योजना, मुख्यमंत्री तीव्र बीज विस्तार योजना, मुख्यमंत्री नगर विकास योजना** इत्यादि।

ध्वस्त प्रशासनिक ढांचे, मृतप्राय आधारभूत संरचना और आर्थिक रूप से जर्जर बिहार को विकसित करने का जो चुनौतीपूर्ण दायित्व हमें मिला था, उसे पूरा करने में प्रकृति ने भी कई बार हमारी कठिन परीक्षा ली है।

विगत साढ़े चार वर्षों के दौरान बाढ़ की विभिषिका एवं सुखाड़ जैसी प्राकृतिक आपदाओं और केंद्र सरकार की हमारे प्रति उपेक्षापूर्ण व्यवहार से बिहार के विकास कार्य बाधित हुए है, लेकिन विषम परिस्थिति में भी बिहार की जनता का मनोबल नहीं टूटा। सारी विपत्तियों को झेलते हुए भी प्रदेश विकास-पथ पर अग्रसर रहा। बार-बार अनुरोध किए जाने के बावजूद केंद्र सरकार द्वारा प्राकृतिक आपदाओं से निपटने के लिए राज्य सरकार को कोई विशेष आर्थिक मदद नहीं दी गई। राज्य में आई भयानक बाढ़ के समय हमने ऐतिहासिक राहत और पुनर्वास कार्यक्रम अपने संसाधनों के बलबूते पर चलाए और प्रभावित परिवारों के लिए तीन चरणों में व्यापक राहत वितरण किया। यदि केंद्र सरकार ने बिहार को विशेष राज्य का दर्जा देने संबंधी हमारे वाजिब हक को मान लिया

होता और इथनॉल एवं कोयला लिकेंज संबंधी हमारे प्रस्ताव पर सकारात्मक रवैया अपनाया होता तो आज बिहार इथनॉल हब के रूप में विकसित हो जाता और प्रदेश में बिजली उत्पादन इकाईयां भी कार्यान्वित हो जाती। बिहार को विशेष राज्य का दर्जा देने संबंधी मांग पर हम आज भी अडिग है और हमें भरोसा है कि एकजुट प्रयास से हम अपना यह अधिकार लेकर रहेंगे। राज्य के बहुसंख्यक लोग किसान एवं कृषक मजदूर हैं। हमारी सरकार ने कृषि क्षेत्र को प्राथमिकता देते हुए रुपये 6,377 करोड़ की लागत पर, एक महत्वाकांक्षी कृषि रोड मैप तैयार कर उसके कार्यान्वयन की शुरुआत की है। कृषि उत्पादकता को बढ़ाने में बीजों का महत्व है इसलिए खरीफ फसलों के समय 2008 से मुख्यमंत्री तीव्र बीज विस्तार योजना की शुरुआत की गई है जिससे बेहतरी के संकेत मिलने लगे हैं। 2006-07 में जहां केवल 62 हजार क्विंटल प्रमाणित बीज का वितरण हुआ वहीं 2009-10 में यह मात्रा बढ़कर 4 लाख 83 हजार क्विंटल पहुंच गई। बीज उत्पादन में भी प्रगति दिखने लगी है। भविष्य में इसके सकारात्मक परिणाम सामने आयेंगे। हम जानते हैं कि पशुपालन ग्रामीण अर्थव्यवस्था का मूल आधार है। पशु और मत्स्य संसाधनों की रक्षा और इनकी उत्पादकता बढ़ाकर अर्थोपार्जन एवं बेरोजगार युवाओं को स्वरोजगार के साधन उपलब्ध कराना हमारी सरकार की प्राथमिकता है।

राज्य के किसानों और ग्रामीणों को सहकारी व्यवस्था से अधिकाधिक लाभ प्राप्त हो, इसके लिए हम कृतसंकल्प हैं। हमने सहकारिता अधिनियम में व्यापक संशोधन कर प्रत्येक पंचायत में पैक्स का गठन किया है। 55 लाख नए पैक्स सदस्य बनाए हैं। पैक्सों में वंचित तबकों की सदस्यता सुनिश्चित करने के उद्देश्य से अनुसूचित जाति, अनुसूचित जनजाति पिछड़ा, अत्यंत पिछड़ा और महिलाओं की सदस्यता शुल्क और हिस्सापूंजी की राशि राज्य सरकार ने स्वयं उपलब्ध कराई है। स्वतंत्र निर्वाचन प्राधिकार द्वारा पैक्सों के चुनाव सफलतापूर्वक संपन्न हुए हैं। कृषि की उत्पादकता बढ़ाने हेतु समुचित सिंचाई भी आवश्यक है। हमारी सरकार ने वृहद, मध्यम और लघु सिंचाई योजनाओं के माध्यम से सिंचन क्षमता के विस्तार के लिए कई कार्यक्रम चलाए हैं। प्रतिकूल प्राकृतिक परिस्थितियों के बावजूद भी विगत वर्षों में औसतन 12 लाख 69 हजार हेक्टेयर क्षेत्र में खरीफ सिंचाई और 3 लाख 68 हजार हेक्टेयर क्षेत्र में प्रति वर्ष रबी सिंचाई सुनिश्चित की गई है। विभिन्न नहर प्रणालियों का जीर्णोदार और पुर्नस्थापन तथा बाढ़ सुरक्षात्मक कार्य व्यापक पैमाने पर किए गए हैं। कोसी पूर्वी **एफलक्स बांध** के कुशहा के समीप हुए कटान के **ब्रीच क्लोजर** का चुनौतीपूर्ण कार्य 9 माह के अंदर पूर्ण कर कोसी नदी को अपनी पुरानी धारा में प्रवाहित करने के हमारे कार्य की प्रशंसा राज्य के बाहर भी हुई है। राज्य में भूजल स्रोत आधारित बिहार भूजल सिंचाई योजना सभी वर्ग के कृषकों के लिए प्रारंभ की गई है। इस योजना में लागत राशि का 45 प्रतिशत राशि अनुदान के रूप में सम्मिलित है।

नीतीश के शब्दों में आपको स्मरण होगा कि जब हम सरकार में आये थे तब राज्य के भीतर राष्ट्रीय उच्च पथ और अन्य पथ जर्जर स्थिति में थे, इससे आम जनता को आवागमन के साथ-साथ विकास के अन्य साधनों को विकसित करने में काफी दिक्कतें

हो रही थी। सुदृढ़ आधारभूत संरचना स्थापित करने के हमारे संकल्प के कारण हमने इस क्षेत्र पर विशेष ध्यान दिया है। हमने 1657 किलोमीटर राष्ट्रीय उच्च पथों का उन्नयन राज्य की अपनी निधि से कराया है। इस मद में अनेक अनुरोधों के बावजूद हमें आज तक केंद्र सरकार से कोई निधि प्राप्त नहीं हुई है। विगत साढ़े चार वर्षों में मुख्यमंत्री सेतु योजना अंतर्गत कुल 1671 योजनाएं पूर्ण हुई हैं। हम राज्य की मुख्य बड़ी नदियों गंगा, कोसी, गंडक, सोन, बागमती आदि पर महासेतुओं का निर्माण कर रहे हैं।

नीतीश कुमार शिक्षा में गुणात्मक सुधाकर की बात करते हैं। वह बेबाकी से इस बात को मानते हैं कि बिहार सरकार ने शिक्षा में गुणात्मक सुधार लाने के लिए महत्वाकांक्षी पहल और नई योजनाएं प्रारंभ की गई है। बड़े पैमाने पर शिक्षकों की नियुक्ति, पंचायती राज संस्थाओं एवं नगर निकायों के माध्यम से की गई है, नए स्कूलों की स्वीकृति दी गई है और नए स्कूल भवनों का निर्माण किया गया है। स्कूल जाने वाली बच्चियों को पोशाक और साइकिलों के लिए धन राशि दी जा रही है। अब बालकों के लिए भी पोशाक और साइकिल योजना प्रारंभ की गई है। प्राथमिक विद्यालयों में चारदीवारी का निर्माण, खेल-कूद सामानों की व्यवस्था, शौचालय और पेय जल व्यवस्था, अतिरिक्त कमरों का निर्माण और बच्चों के लिए के लिए शिक्षण परिभ्रमण की व्यवस्था, मुख्यमंत्री समग्र विद्यालय विकास कार्यक्रम के अंतर्गत की गई है। राष्ट्रीय स्तर के **चाणक्य विधि विश्वविद्यालय, चंद्रगुप्त प्रबंधन संस्थान, निट** और **आईआईटी** ने पटना में कार्य प्रारंभ कर दिया है। नालंदा में अंतरराष्ट्रीय स्तर के विश्वविद्यालय की स्थापना का कार्य प्रगति पर है।

ग्रामीण क्षेत्रों में चिकित्सा सुविधा का विस्तार और सुदृढ़ीकरण करने के कई सफल कार्यक्रम क्रियान्वित किए गए हैं। प्राथमिक चिकित्सालयों, जिला अस्पतालों और राज्य स्तरीय चिकित्सालयों का उन्नयन कर उन्हें आधुनिक उपकरणों से सुसज्जित किया जा रहा है। चिकित्सकों, नर्सों, स्वास्थ्यकर्मियों और अस्पताल प्रबंधकों की नियुक्ति की गई है। पूरे राज्य में एंबुलेंस सुविधा के साथ ही चलंत चिकित्सा वाहनों की व्यवस्था की गई है। सरकारी अस्पतालों में उपचार के लिए पहले 39 रोगी प्रतिमाह उपस्थित होते थे, अब यह संख्या 5 हजार प्रतिमाह हो गई है। यह प्रमाण है कि अब सरकारी अस्पतालों में लोगों को बेहतर सुविधा मिल रही है। सरकारी अस्पतालों में संस्थागत प्रसवों और टीकाकरण की संख्या में भी काफी वृद्धि हो रही है। वंचित वर्गों का उत्थान कर उन्हें मुख्य धारा में लाने के लिए हमारी सरकार कृतसंकल्प है। महिलाओं, महादलितों, अत्यंत पिछड़ावर्ग और अल्पसंख्यक समुदाय के विकास के लिए कई कार्यक्रम चलाये जा रहे हैं। महादलितों के विकास हेतु प्रथम चरण में 338.19 करोड़ रुपये की परियोजना स्वीकृत की गई है। हाल ही हमने **मुख्यमंत्री महादलित पोशाक योजना, महादलित शौचालय निर्माण योजना, मुख्यमंत्री जीवन दृष्टि योजना और दशरथ मांझी कौशल विकास योजना** का विधिवत प्रारंभ किया है। हमारा प्रयास महादलित और वंचित समुदायों को विकास की मुख्य धारा में लाएगा, यह हमारा विश्वास है। अल्पसंख्यक समुदाय के विकास और कल्याण के लिए हम प्रतिबद्ध हैं। प्रारंभिक विद्यालयों के लिए

तालिमी मरकज, मुस्लिम बालिकाओं के लिए व्यवसायिक प्रशिक्षण के लिए हुनर और औजार, अल्पसंख्यक विद्यार्थियों को उच्च शिक्षा के लिए प्रोत्साहित करने के लिए **मुख्यमंत्री अल्पसंख्यक विद्यार्थी प्रोत्साहन योजना** और **अल्पसंख्यक विद्यार्थी कोचिंग योजना** प्रारंभ की गई है। इसके अतिरिक्त बुनकर भाइयों के कल्याण की अनेक योजनाएं चलाई जा रही हैं। प्राथमिकता के आधार पर कब्रिस्तानों की घेराबंदी की जा रही है। सामाजिक न्याय में नि:शक्त एवं असहाय लोगों की देखभाल सुनिश्चित करने के क्रम में सरकार ने हाल ही में लक्ष्मीबाई विधवा पेंशन योजना व विकलांग पेंशन योजना में आय व उम्र की सीमा को पूरी तरह हटा दिया गया है। लक्ष्मीबाई विधवा पेंशन योजना में वार्षिक आय सीमा 30 हजार से बढ़ाकर 60 हजार कर दी गई है व उम्र में ऊपरी सीमा खत्म कर 18 वर्ष से अधिक उम्र की सभी विधवाओं को इसकी सुविधा प्रदान की जा रही है।

योजनाओं, कार्यक्रमों और दफ्तरों से भ्रष्टाचार को समाप्त करने के लिए विशेष पहल की गई है। भ्रष्टाचार से अर्जित अवैध संपत्ति के अधिग्रहण के लिए बिहार विशेष न्यायालय अधिनियम 2009 लागू किया गया है। नीतीश लिखते हैं कि मेरे नेतृत्व में राज्य सरकार द्वारा विगत साढ़े चार वर्षों में किए गई कार्यों का विवरण इस रिपोर्ट कार्ड में प्रस्तुत करने का प्रयास किया गया है। रिपोर्ट कार्ड के अतिरिक्त राज्य सरकार के कार्यों को आप अपने शहर-गांव और टोले-मुहगे में ज्यादा अच्छी तरह अनुभव कर रहे होंगे। इस रिपोर्ट कार्ड का उद्देश्य मात्र इतना ही है कि यदि हमारे प्रयासों में कोई कमी रह गई हो तो उससे हमें अवगत करायें ताकि आपके मार्गदर्शन से हम जनाकांक्षाओं के अनुरुप जनोपयोगी कार्यक्रम चला सकें।

आप सभी अवगत हैं कि आज से 4-5 वर्षों पूर्व बिहार की क्या स्थिति थी? कानून और अर्थव्यवस्था चौपट थी, विकास की बातें बेमानी थी। लेकिन प्रदेश के लोगों की दृढ़ इच्छाशक्ति और संकल्प से स्थिति में बदलाव आया और पिछड़ा राज्य कहा जाने वाला बिहार आज प्रगतिशील राज्यों के साथ खड़ा है। बिहारी अस्मिता और बिहारी पहचान को सुदृढ़ करने के लिए हमने बिहार दिवस मनाने की शुरुआत की। वह दिन दूर जब बिहारी कहलाना अपमान नहीं बल्कि सम्मान का विषय होगा। इसके लिए जरूरी है कि हम सभी जाति-धर्म, संप्रदाय जैसी संकीर्ण भावनाओं से ऊपर उठकर राज्यहित में सोचें। आपकी सोच और आपके निर्णय पर ही बिहार एवं इसकी करोड़ों की आबादी का भविष्य निर्भर है। हम आज भी न्याय के साथ विकास के लिए प्रतिबद्ध हैं और आगे भी रहेंगे। आप सभी के समन्वित प्रयास से ही बिहार विकसित और खुशहाल प्रदेश बनने की ओर अग्रसर हो गया है। हमारे प्रदेश में सुख-शांति, सदभाव और समृद्धि रहे यही हमारा सपना है। आपके सहयोग और समर्थन से निश्चित रूप से यह स्वप्न साकार होगा।

विश्वास यात्रा

नीतीश कुमार के विकास और न्याय के साथ विश्वास पर भी भरोसा जताने के लिए आम जनता से मिलते हैं। तभी तो वह बिहार के दूर-दराज के ग्रामीण इलाकों के दुख दर्द को जानने, समझने और उसे दूर करने, ग्रामीणों की समस्याओं और आवश्यक्ताओं के अनुरुप उनके विकास की रूपरेखा तैयार करने, उसके कार्यान्वयन के लिए स्थानीय प्रशासन को जवाबदेह तथा संवेदनशील बनाने, राज्य की समृद्ध सांस्कृतिक एवं ऐतिहासिक धरोहरों को सुदृढ़ करने और सरकार, जनता द्वारा व्यक्त विश्वास पर कितनी खरी उतरी है, इसकी जमीनी हकीकत जानने के लिए विकास यात्रा, प्रवास यात्रा और विश्वास यात्रा नामक यात्राएं की।

जनवरी 2009 में कड़ाके की ठंड में नीतीश की विकास यात्रा प्रारंभ हुई। यह यात्रा जून 2009 में कुल छह चरणों में संपन्न हुई। विकास यात्रा के दौरान 20 जिलों में टेंटों में मुख्यमंत्री, मंत्रीगण और वरिष्ठ पदाधिकारियों का रात्रि विश्राम का कार्यक्रम रहा। मुख्यमंत्री ने हर दिन किसी एक गांव का चयन कर और वहां रात्रि विश्राम के बाद अगली सुबह उसी गांव में जनता के दरबार में मुख्यमंत्री कार्यक्रम का आयोजन किया, जिसके अंतर्गत हर स्थान पर आम जन को मुख्यमंत्री से सीधे संवाद का अवसर मिला।

विकास यात्रा के हर ठहराव स्थल पर **सांस्कृतिक कार्यक्रम, बिहार गौरवगान, सर्वधर्म प्रार्थनासभा, स्वास्थ्य शिविर का आयोजन, जिसमें मुफ्त स्वास्थ्य जांच एवं चश्मा वितरण, विभिन्न सरकारी विकास योजनाओं के क्रियान्वयन का निरीक्षण,** उद्‌घाटन और लोकार्पण आदि के कार्यक्रम का आयोजन किया गया। पश्चिम चंपारण के पतिलार और कटैया, पूर्वी चंपारण के परशुराम और बलुआ कोठी, सीतामढ़ी के परसौनी, मधुबनी के धकजरी, दरभंगा के कमलापुर, मुजफ्फरपुर के जारंग, समस्तीपुर के फकरा, बेगूसराय के बरबीघी, खगड़िया के गनछारी खरहा, कटिहार के बहरखाल, पूर्णिया के मानसी बेगमपुर, किशनगंज के डाकूपाड़ा, रहमतपाड़ा, बांका के मकरमडीह, भागलपुर के उधाडीह, लखीसराय के हल्सी, शेखपुरा के झरपुर, कैमूर के मोहनिया, बक्सर के डुमरांव और मधेपुरा के सिंहेश्वर स्थान पर आयोजित जनता के दरबार में मुख्यमंत्री नीतीश कुमार ने कई ऐसी घोषणाएं की जिससे बिहार की जनता गदगद हो उठी। स्थानीय जनता की व्यापक भागीदारी भी इन विकास यात्राओं के दौरान खूब देखने

को मिली। जन सरोकार से जुड़े मुद्दों का सीधे निस्तारण भी किया गया। बड़े पैमाने पर विकास योजनाओं का शिलान्यास और उद्‌घाटन भी हुआ। विकास यात्रा के तीसरे चरण में 10 फरवरी 2009 को पहली बार पटना से बाहर बरबीघी मंत्रिपरिषद की बैठक हुई, जिसमें कुल 33 महत्वपूर्ण प्रस्तावों को स्वीकृति भी दी गई।

इसी प्रकार मुख्यमंत्री ने प्रवास यात्रा कार्यक्रम का आयोजन कर बिहार के जन-जन तक पहुंचने का प्रयास किया। इससे बिहार के गौरवपूर्ण इतिहास और समृद्ध संस्कृति को नयी पीढ़ी के लिए धरोहर के रूप में सुरक्षित रखने की मुख्यमंत्री की इच्छा को भी जनता ने सराहा। प्रवास यात्रा का प्रथम चरण 25 दिसंबर 2009 को राजगीर से प्रारंभ हुआ। वहां सात दिवसीय प्रवास कार्यक्रम के दौरान **बुनकरों की बस्ती नेपुरा, तेल्हाड़ा प्रखंड में बालादित्य खंडहर के उत्खनन कार्य, घोड़ा कटोरा तथा गृद्धकूट पर्वत, वैभवगिरी पर्वत, सप्तपर्णी और स्वर्ण भंडार गुफाओं, जरासंघ के अखाड़ा, प्राचीन नालंदा विश्वविद्यालय खंडहर और नालंदा-गया की सीमा पर अमझर के नक्सल प्रभावित बीहड़ जंगलों** का भ्रमण किया गया। इसी यात्रा के दौरान **रत्नागिरी पहाड़ी** पर संपूर्ण विश्व को शांति और मानवता का संदेश देने वाले **विश्व शांतिस्तूप** के निकट मंत्रिपरिषद की बैठक का आयोजन किया गया। प्रवास यात्रा के दूसरे चरण में **वैशाली से कोल्हुआ**, भगवान महावीर की जन्मस्थली **बासोकुंड, वैशालीगढ, विश्व शांति स्तूप, अभिषेक पुष्करणी, बुद्ध अस्थि अवशेष, बरैला झील** आदि **ऐतिहासिक**, पुरातात्विक और प्राकृतिक महत्व के स्थलों का निरीक्षण किया गया। तृतीय चरण में बोधगया से **महाबोधि मंदिर का परिदर्शन, ऐतिहासिक मुचलुंद सरोवर, मेडिटेशन पार्क** का निरीक्षण, **सुजातगढ़** स्थित **धर्मारण्य, डुंगेश्वरी पर्वत, कुर्कीहार, विष्णुपद मंदिर** इत्यादि का दर्शन कार्यक्रम रखा गया। गया जिले सुदूर नक्सल प्रभावित प्रखंड इमामगंज में जनसभा का आयोजन के साथ ही दशरथ मांझी कौशल विकास योजना का प्रारंभ किया गया। प्रवास यात्रा के चौथे चरण में **एकमा, सारण** और **सिवान** जिलों में कई योजनाओं का शुभारंभ किया गया। वहां तीन दिवसीय प्रवास कार्यक्रम रखा गया। जहां **सारण** जिला में लोकनायक जयप्रकाश नारायण की जन्मस्थली **सिताबदियारा**, प्रसिद्ध पुरातात्विक स्थल **चिरांद का भ्रमण**, सिवान जिला के सिसवन प्रखंड के मेंहदार ग्राम में 800 वर्ष पुराने **बाबा महेन्द्रनाथ** शिवमंदिर का परिदर्शन और देशरत्न **डॉ राजेन्द्र प्रसाद** की जन्मस्थली **जीरादेई** और मौलाना **मजहरुल हक** की कर्मस्थली **फरीदपुर** की मिट्टी को नमन किया गया।

विश्वास यात्रा की साढ़े चार वर्ष पूर्व जनता ने जो विश्वास प्रकट किया था, उस पर सरकार कितनी खरी उतरी है तथा विकासात्मक और कल्याणकारी योजनाओं के क्रियान्वयन के जमीनी हकीकत क्या है? प्रत्येक चरण में दो से चार दिनों तक लगातार चलने वाली इस विश्वास यात्रा का लक्ष्य उस चरण में चयनित जिलों में हुए विकास कार्यों का सर्वेक्षण, किसी एक गांव में भ्रमण, जनसुविधाओं से जुड़ी और कल्याणकारी योजनाओं तथा जनवितरण प्रणाली, स्वास्थ्य केंद्र, आंगनबाड़ी केंद्र, पेयजलापूर्ति,

विद्यालयी शिक्षा, ग्रामीण विकास की योजनाओं की जमीनी सच्चाई का अवलोकन किया गया। गांव में जनता के दरबार में मुख्यमंत्री की उपस्थिति और जनता से सीधा संवाद, दोपहर को जिला मुख्यालय में जिला प्रशासन और राज्य स्तरीय पदाधिकारियों के साथ, जिले के विकास कार्यों की 23 मापदंडों पर समीक्षा और संध्या को जिला मुख्यालय में आम सभा जिसमें जिले में पूर्ण हुई विकास योजनाओं का उद्घाटन तथा जिले के साढ़े चार वर्ष के रिपोर्ट कार्ड को आम जनता के अवलोकन हेतु जारी करना प्रमुख रहा है।

इस यात्रा का पहला चरण 28 अप्रैल 2010 से प्रारंभ हुआ। इस चरण में पश्चिम चंपारण के बाहीग्राम, पूर्वी चंपारण के बड़हरवा, लखनसेन गांव, सीतामढ़ी के अरियारी और दोस्तियां गांव तथा मुजफ्फरपुर जिला के पानापुर गांव का भ्रमण, निरीक्षण तथा जिला प्रशासन के कार्यों की समीक्षा करना है। विश्वास यात्रा का दूसरा चरण 6 मई 2010 से प्रारंभ हुआ। इस चरण में मधुबनी जिला के धनछीहा गांव, दरभंगा जिला के रसियारी गांव, समस्तीपुर के भटौरा और बेगूसराय के नावकोठी गांव का भ्रमण एवं संबंधित जिलों के विकास कार्यों का निरीक्षण शामिल है।

विश्वास यात्रा का तीसरा चरण 19 मई 2010 से प्रारंभ हुआ। इस दौरान सुपौल के पिलुआहा गांव, मधेपुरा के जोरगामा गांव, सहरसा के पुरख गांव और खगड़िया के डुमरी पनसलवा गांव का भ्रमण निरीक्षण एवं संबंधित जिलों के विकास कार्यों की समीक्षा का कार्यक्रम हुआ। विश्वास यात्रा का चौथा चरण 28 मई 2010 कटिहार के भोंगाव से प्रारंभ हुआ। पूर्णिया के संझाघाट गांव, अररिया के औराही हिंगना गांव और किशनगंज के तुलसिया गांव का भ्रमण एवं संबंधित जिलों के विकास कार्यों की समीक्षा करना शामिल रहा। विश्वास यात्रा का पांचवां चरण 4 जून 2010 से प्रारंभ हुआ। इस दौरान मुख्यमंत्री ने जमुई, मुंगेर, भागलपुर एवं बांका जिले के सिमुलतला, खैरा, धरहारा और तिलकपुर का दौरा कर विकास कार्यों का निरीक्षण एवं जिला प्रशासन के कार्यों की समीक्षा की।

विश्वास यात्रा का छठां चरण 11 जून 2001 से प्रारंभ हुआ। इस चरण में जहानाबाद जिला के पूर्वी सागरपुर ग्राम एवं नवादा जिला के भदौनी ग्राम एवं संबंधित जिला के विकास कार्यों की समीक्षा की। विश्वास यात्रा का सातवां चरण 18 जून 2010 से प्रारंभ हुआ। कैमूर जिला के घटावां में बीज प्रसंस्करण केंद्र एवं कुदरा ग्राम, बक्सर जिला के कुरान सराय, भोजपुर जिला के भोजपुर, पटना जिला के सिगोड़ी ग्राम तथा नालंदा जिले के खिरौना ग्राम के विकास कार्यों का निरीक्षण एवं नालंदा जिला के कतरीसराय प्रखंड के परमानंदपुर ग्राम में सकरी नदी पर बेन पुल का उद्घाटन हुआ। विश्वास यात्रा का अंतिम चरण 25 जून 2010 से प्रारंभ हुआ। इस अवधि में औरंगाबाद जिला के मदनपुर ग्राम गोपालगंज जिला के उचका गांव प्रखंड के कपरपुरा ग्राम तथा वैशाली जिला के जन्दाहा प्रखंड के सलहा ग्राम के विकास कार्यों का निरीक्षण शामिल है।

नीतीश कुमार विश्वास यात्रा के बारे में अपने ब्लॉग पर लिखते हैं कि पिछले दो महीनों में अनगिनत विश्वास यात्राओं को लेकर अत्यधिक व्यस्त रहा। इतना कि आपसे

इस ब्लॉग पर चर्चा भी लगभग नगण्य रही। थकान से पस्त हूं, लेकिन जो अभूतपूर्व अनुभव इन यात्राओं में हुआ वो बहुत सुखद है। सच कहूं, बिहार की जनता से उनके द्वार पर रुबरु होना मेरे लिए अनिवार्य था। विश्वास यात्रा को लेकर कई राजनीतिक प्रतिक्रियाएं लोग देते रहे हैं, परंतु मैं जानता हूं मैंने पिछले विधानसभा चुनावों में जनता से एक खास वादा किया था, वो यह कि मैं आगे उनके समर्थन की अपेक्षा तभी रखूंगा जब मेरी सरकार का काम सराहनीय रहा हो। उस वक्त की गई विकास यात्रा के दौरान प्रदेश की मूलभूत सच्चाइयों का ब्योरा हमारे लिए एक कसौटी के रूप में था। इसलिए आज अपनी सरकार के साढ़े चार साल के उपरान्त विश्वास यात्रा को एक सही समीक्षा करने के जरिए के रूप में आयोजित किया।

मुझे खुशी है कि प्रदेश के अन्य लोगों की तरह मैं भी इन यात्राओं से वापस आकर बहुत हद तक आश्वस्त हूं कि अब बिहार एक सही और तटस्थ रूप में अग्रसर है। विभिन्न इकाइयों की अनेकों परियोजनाओं की समीक्षा के दौरान पूर्णतया महसूस होता है कि इन सालों में रखी गई नींव भविष्य में उन्नति के लिए मजबूत और सक्षम सिद्ध होगी। आप मानेंगे कि उन परिस्थिति में किसी भी नई सरकार के लिए इन नीवों का निर्माण करना ही न सिर्फ अत्यंत महत्वपूर्ण था परंतु पूर्णतया चुनौतीपूर्ण भी।

आज मूलभूत क्षेत्रों में चौमुंहे विकास की दशा, दिशा एवं गति खुद अपना बयान कर रही हैं। हालांकि मैं यह भी जानता हूं कि ये शुरुआत मात्र है और अभी बहुत कुछ करना बाकी है। कुछ इकाइयों की त्रुटियों को दूर कर उन्हें सुदृढ् करने का काम भी रह गया है। पर इन सबसे अलग मुझे आंतरिक खुशी समाज में आयी एक नई सोच और जागरुकता को लेकर महसूस हो रही है। किसी भी विकास में जब तक आम जनता की सहभागिता नहीं होगी, तब तक वो अधूरा ही रहेगा। आज दूर-दूराज के क्षेत्रों में भी विकास के मुद्दों में जनता की रुचि एवं उनकी सहकर्मिता देखने योग्य है। हमारे प्रयासों के कारण महिलाओं में सशक्तिकरण एवं खासकर गरीब, एवं पिछड़े वर्गों में शिक्षा को लेकर आई जागृति का इसमें एक महत्वपूर्ण योगदान है। स्वास्थ्य सेवाओं, आधारभूत सुविधाओं जैसे सड़क, पुल, संचार, इत्यादि में सुधार इन सामाजिक बदलावों को मजबूती प्रदान कर रही है। यहां ये भी जिक्र करना अनिवार्य है कि इस विकास को हासिल करने में सामाजिक सौहार्द बनाए रखना निहायत जरुरी था। आपको ज्ञात हो कि हमारे कार्यकाल में कोई भी सांप्रदायिक या अन्य देशपूर्ण भावना को पनपने नहीं दिया गया। मैंने अपने एक पिछले पोस्ट में जिक्र किया था कि सामाजिक सौहार्द बनाए रखना मेरे प्रशासन की प्राथमिकता थी। मुझे खुशी है कि आज ये सब फलीभूत होता नजर आ रहा है।

विश्वास यात्रा के दौरान मैं विकास योजनाओं की प्रगति की समीक्षा करना चाहता था। यह संभव तभी होता जब मैं विभिन्न जिलों का भ्रमण करता, लोगों से उनकी राय लेता और संबंधित पदाधिकारी से विचार-विमर्श करता। मैंने विश्वास यात्रा का स्वरुप कुछ ऐसा बनाया जिससे मुझे इससे मदद मिली। मैं यात्रा की शुरुआत किसी गांव के

भ्रमण से करता था जिसमें मेरे साथ सरकार के मुख्य सचिव या विकास आयुक्त मौजूद रहते थे। इस दौरान राज्य के उन सर्वोच्च पदाधिकारियों ने बहुत सारे ऐसे गांवों का दौरा किया, जहां विगत में शायद कोई प्रखंड विकास पदाधिकारी भी नहीं गए होंगे। इस यात्रा से मुझे विभिन्न योजनाओं के क्रियान्वयन से जुड़े तथ्यों को समझने में मदद मिली। कई मामलों में त्वरित निर्णय भी लिए गए। हम सरकार को वास्तविक रूप से जनता के द्वार तक ले जाने में सफल हुए। यात्रा के दौरान मैं जिले के अधिकारियों के साथ समीक्षा बैठक करता था जो कम से कम चार घंटे चलती थी। मैंने विकास योजनाओं का जायजा लेने के लिए 23 पैमाने निर्धारित किए थे। इस दौरान हम विकास योजनाओं के कार्यान्वयन के दौरान आये अवरोधों को दूर करने की चेष्टा करते थे। यात्रा के दौरान शाम में प्रत्येक जिला मुख्यालय में एक आम सभा करता था किंतु शीघ्र ही मुझे एक ही दिन में दो-दो जनसभाएं करनी पड़ी। प्रात:काल जब मैं भी किसी गांव का भ्रमण करता तो ग्रामीणों की एक बड़ी भीड़ आतुरता से हमारा स्वागत करती थी। मुझे उन्हें संबोधित करना पड़ता था। इस तरह मुझे एक दिन में कम से कम 30 हजार लोगों को संबोधित करने का मौका मिला। विश्वास यात्रा का संबंध महज सरकारी योजनाओं की समीक्षा और विकास योजनाओं के संबंध में आम लोगों की राय लेना नहीं था। इसमें मुझे यह भी अवसर मिला कि मैं बिहार में सकारात्मक दिशा में बह रहे बयार को अनुभव कर सकूं। यात्रा के दौरान मैंने कई सकारात्मक परिवर्तन को महसूस किया। मैंने भागलपुर के धरहरा गांव में देखा कि लोग कन्या के जन्म पर दस-दस वृक्ष लगाते थे। यह न सिर्फ पर्यावरण की दृष्टि से अनुकरणीय कदम था, बल्कि लड़कियों के भविष्य के लिए गया एक प्रशंसनीय प्रयास था।

मैं कटिहार जिले की खुशबू के भोगांव स्थित उसके घर पर भी गया। खुशबू ने इस साल बिहार विद्यालय परीक्षा समिति द्वारा आयोजित कक्षा दस की परीक्षा की मेधा तालिका में दूसरा स्थान प्राप्त किया। उसने यह सम्मान विपरीत परिस्थितियों के बावजूद हासिल किया। वह अपने गांव से पांच किलोमीटर दूर स्थित विद्यालय में पढ़ने जाती थी। उसने कहा कि उसे मुख्यमंत्री साइकिल के कारण परीक्षा की तैयारी में बहुत मदद मिली। पहले उसे विद्यालय पैदल आने-जाने में जो वक्त लगता था उसे अब वह पढ़ाई में लगाती है। मुझे यह जानकर एक संतोष का भाव पैदा हुआ जब मैंने खुशबू को उसकी सफलता पर सरकार द्वारा घोषित मेधा पुरस्कारों के तहत चेक प्रदान किए। मेरी चाहत है कि खुशबू जैसे होनहार बच्चे अन्य बालक-बालिकाओं के लिए प्रेरणास्रोत बनें।

यात्रा के दौरान मुझे कुछ हृदयस्पर्शी अनुभव भी हुए। मैं मशहूर लेखक **फणीश्वरनाथ रेणु** के गांव **औराही हिंगना** जो अररिया जिले में स्थित है गया, जहां मेरी मुलाकात रेणु जी दो पत्नियों **पदमा** जी और **लतिका** जी से हुई। मैंने उनके चरण स्पर्श कर उनका आशीर्वाद लिया। उन्होंने मुझसे मेरे पुत्र के बारे में भी जिज्ञासा की। रेणु जी ने **मैला आंचल** और **पुरती परिकथा** जैसी कालजयी कृतियां में कोशी क्षेत्र के वंचित समाज के लोगों के बारे में लिखा था। मैंने इसलिए इस क्षेत्र का दौरा सड़क मार्ग से

किया ताकि रेणु जी द्वारा वर्णित समाज को करीब से देख सकूं। रेणु जी का इलाका कभी कत्था के लिए मशहूर था। इसलिए इसके विकास के लिए मैंने खैर की खेती एक बड़े पैमाने पर वहां कराने का निश्चय किया जिसे रेणुवन के नाम से जाना जायेगा। यात्रा का हर अनुभव मुझे सुखद ही हुआ हो ऐसा नहीं है। मुंगेर के एक गांव के भ्रमण के दौरान मुझे जानकारी मिली कि वहां के पानी में फ्लोराइड की मात्रा अत्यधिक होने से लोग वर्षों से अपंग होते जा रहे हैं। मुझे अफसोस हुआ कि आजादी के इतने दशकों बाद भी इन ग्रामीणों को स्वच्छ जल भी मुहैयां नहीं हो पाया। इसके अलावा राज्य के अनेक क्षेत्रों में आर्सेनिक की समस्या रही है जो अनेक स्वास्थ्य संबंधी समस्याओं को जन्म दे रही है। इसलिए मैंने शुरुआत में कहा कि मैं अभी पूर्णत: संतुष्ट नहीं हूं। अभी मुझे बहुत सारे विकास कार्य किए जाने शेष है और मेरा यकीन करें कि हमने इनमें से कईयों को प्राथमिकता तौर पर तरजीह देनी शुरु कर दी है। जाहिर है इनमें 24 घंटों की संलग्नता रहती है। शायद इसलिए मैं विगत साढ़े चार वर्षों में कोई आधिकारिक छुट्टी नहीं ले पाया हूं। इस दौरान एक दिन के लिए मैं मुंबई एक अवार्ड स्वीकार करने के लिए गया और एक रात के लिए एक शादी समारोह में शामिल होने के लिए बंगलौर गया। मैं पंजाब और कोलकाता चुनाव प्रचार के लिए गया और एक सरकारी प्रतिनिधिमंडल के साथ मॉरीशस गया। अहर्निश सेवा को याद करता हुआ मैं बिना विराम कार्य करता आ रहा हूं। यह भी जानता हूं इसे कायम रखना जरूरी होगा। इस उम्मीद में कि दिन ब दिन और लोगों को बिहार के विकास में जोड़ पाऊं।

आपका शुभेक्षु
नीतीश कुमार।

नीतीश आम जनता के विश्वास के साथ-साथ युवाओं के विश्वास को एक बड़ी भूमिका मानते हैं तभी तो वह युवाओं के लिए अलग राय रखते हैं। युवाओं के बारे में नीतीश कुमार अपने ब्लॉग पर लिखते हैं कि-

एक अरसे बाद आपसे मुखातिब हूं। मूलत: इसकी एक ही वजह ही रही है। पिछले महीनों में आपके रिस्पॉंसेस में जो सराहनाएं मिली है मैं अपनी विश्वास यात्रा के दौरान आम नागरिकों की कसौटियों पर रखकर देखने की कोशिश में था। इन जनसंपर्क अभियानों से जमीनी स्तर पर विभिन्न योजनाओं के क्रियान्वयन से जुड़ी चीजों में सुधार लाने का अवसर मिला। लगभग सभी मामलों में संबंद्ध अधिकारियों की जनता के बीच उपस्थिति से त्वरित निर्णय लिए गए। मैंने यह भी महसूस किया कि कई मुद्दों मसलन प्रदूर्षित भूगर्भीय व सतही जल एवं इसका हमारे स्वास्थ्य पर असर दीर्घकालिक कार्य की जरूरत है। कई मूलभूत नीतियों व योजनाओं को अंदरुनी स्तर पर सुगठित करने के लिए दीर्घकालिक प्रतिबद्वता अनिवार्य होगी। यह कुछ ऐसे मुद्दे हैं जो हमारी आने वाली पीढ़ियों को ग्रसित कर सकती है। साथ ही हमारे सरकार की कोशिशों के बाबत आज

राज्य के ग्रामीण इलाकों में खेतिहरों एवं मजदूर भाइयों की खासी बढ़ी संख्या, स्कूलों में बच्चों का निरंतर बढ़ता भर्ती दर, हमारे युवाओं का राज्य के भीतर ही रोजगार अवसरों की ओर रुझान को देख मेरे आत्मबल को बहुत मजबूती मिली। मुझे इसका भी हर्ष है कि आज राज्य में बेहतर आवागमन सुविधा, सड़क व पुलों की बढ़ती संख्या के साथ-साथ निजी क्षेत्र की ईकाइयों के साथ मजबूत होते हमारे व्यावसायिक संबंधों को आप इस सरकार के चार साल के प्रयासों के फल के रुप में स्वीकार रहे हैं।

पिछ्ली तिमाहियों में नागरिक उड्यन में बढ़ोत्तरी व दूरसंचार के 3जी स्पेक्ट्रम की निविदा में बिहार का अग्रिम स्थान इत्यादि इन्हें इंगित करते हैं। मेरा मानना है कि इन बदलावों में गुणात्मक गति कहीं बाहर से नहीं बल्कि हमारे जनमानस के निरंतर सहयोग एवं सहकर्मिता से ही आएगी। इसमें खासकर विहार के युवाओं की भूमिका अत्यंत महत्वपूर्ण होगी। अपनी इन यात्राओं में जनमानस से संपर्क के दौरान मैंने कई बार देखा कि आज के युवाओं ने अपने रोड मॉडल के रूप में तथाकथित बाहुबलियों के बजाय ऐसे लोगों को चुनना शुरू कर दिया है जिनका समाज व शिक्षा से गुणात्मक सरोकार रहा हो। यह एक अत्यंत ही प्रभावी सामाजिक बदलाव है। आने वाले समय में ये एक ऐसे सुदृढ़ व प्रगतिशील चरित्र का सृजन करेगी जो समाज, राजनीतिक या प्रशासन में अकर्मण्यता को बिल्कुल स्वीकार नहीं करेगी। यूं कहें कि बिहार के युवाओं ने प्रत्याशित नीतिनिर्धारकों व जनप्रतिनिधियों के लिए एक स्वस्थ्य कसौटी का निर्माण आरंभ कर दिया है। मैं इसे एक दीर्घकालिक सामाजिक परिवर्तन के बीज के रूप में देख रहा हूं। मेरा प्रयत्न है कि अपने राजनीतिक व प्रशासनिक जिम्मेदारियों के निर्वाह में मैं इसे एक स्वच्छ चुनौती के रूप में स्वीकार कर बिहार के लोगों का समर्थन पा सकूं। आपके सुझावों के यथावत इंतजार में-

नीतीश

नीतीश कुमार मुख्यमंत्री बालिका साइकिल योजना के बारे में खुलकर अपनी राय रखते हैं। वह कहते हैं कि यह योजना मेरे दिल के बहुत करीब है। इस योजना ने बिहार की तस्वीर बदल दी है और लाखों स्कूल जाने वाली लड़कियां साइकिल चलाकर कुछ हासिल करने के मकसद से स्कूल जा रही हैं। इस योजना के शुरू करने से तीन साल पहले तक स्कूल जाने वाली बालिकाओं को साइकिल चलाते हुए देखना पूरे बिहार ही नहीं बल्कि पटना की सड़कों पर भी दुर्लभ था। लेकिन अब आप आत्मविश्वास से भरी हुई लड़कियों को साइकिल चलाते हुए राज्य में हर जगह देख सकते हैं। गांव की सकरी पगडंडियों से शहर के चहल-पहल वाली सड़कों तक इस योजना के अंतर्गत आठवीं कक्षा पास करने के बाद हर स्कूल जाने वाली बच्ची को दो हजार रुपये का चेक साइकिल खरीदने के लिए दिया जाता है, ताकि वह आसानी से स्कूल हर दिन जा सकें। यह कहना गलत नहीं होगा कि इस योजना ने अभूतपूर्व सफलता हासिल की है। इस

योजना में मुझे काफी संतुष्टि दिलाई है, क्योंकि इसने लड़कियों में पढ़ाई छोड़ने की दर को पूरे राज्य में काफी घटाया है। बिहार में साइकिल अब सामाजिक परिवर्तन का एक सत्य साधन बन गया है जो राज्य के किसी भी हिस्से में महसूस किया जा सकता है। नीतीश अपने ब्लॉग पर लिखते हैं कि किसी भी समाज में तब तक प्रगति नहीं हो सकती है जब तक महिलाएं प्रगति नहीं करती और किसी समाज में महिलाएं तब तक प्रगति नहीं कर सकती, जब तक वह शिक्षित न हो। यह योजना सही दिशा में एक छोटा सा कदम है। इस परियोजना की वजह से आज राज्य भर में परिवर्तन की हवाएं बह रही हैं और इसके दीर्घकालिक प्रभाव आने वाले कुछ साल में महसूस किया जाएगा।

जनता भी मुख्यमंत्री की विश्वास, विकास यात्राओं को काफी महत्व दे रही है। रिक्शा चालक नथुनी राम का कहना है कि सड़क अच्छी हो गई है। पहले खराब सड़क के चलते हम छपवा और सुगौली के बीच दो फेरी लगाकर हलाकान हो जाते थे, अब चार-पांच फेरी के बाद भी ताजा दम रहते हैं। वहीं पूर्वी चंपारण के सुगांव निवासी ओके मिश्र कहते हैं कि हम हैदराबाद में काम करते हैं, अब गांव आने पर अच्छा लगता है। छिना झपटी और गुंडागर्दी कम हो गई है। बहू-बेटी रात को घर निकल सकती है। राजकुमारी देवी का कहना है कि नीतीश ने पचास प्रतिशत आरक्षण देकर महिलाओं को शक्ति दी है। अब महिलाएं स्वतंत्र घूम रही है, अपना काम करते हुए आगे बढ़ रही है। समाज में महिलाओं के प्रति सकारात्मक सोच आई है। 70 साल के **जर्नादन हेम्ब्रम** कहते हैं कि कुछ हो या नहीं, पर सरकार अपनी आंखों से गरीब के जीवन का अनुभव करने आये हैं। यह सबसे बड़ी बात है। इस गांव में पहली बार कोई मुख्यमंत्री आये हैं। भोंगाव कटिहार की रहने वाली खुशबू का कहना है कि मुख्यमंत्री साइकिल योजना के कारण ही मैं हाईस्कूल तक पढ़ पाई। सपने में भी नहीं सोचा था कि मुख्यमंत्री नीतीश जी हमारे घर में आयेंगे। आगे बढ़ने के लिए उनका आर्शीवाद ही काफी है। भागलपुर के धरहरा गांव के घनश्याम सिंह और रामजतन सिंह का कहना है कि हमें अंदाजा नहीं था कि कन्याजन्म के समय पेड़ लगाने की हमारी वर्षों की पंरपरा को देखने और हमारा हौंसला बढ़ाने मुख्यमंत्री नीतीश कुमार आयेंगे। इस्लामपुर नालंदा के सामाजिक कार्यकर्ता सुखसागर रविदास बताते हैं कि साइकिल योजना ने बेटे-बेटी का फर्क कम कर दिया है। घर का राशन लाने के लिए अब बेटे का इंतजार नहीं करना पड़ता है। बेटियां साइकिल से बाजार जाती हैं, राशन-सब्जी ले आती हैं। बीमार छोटे भाई को भी साइकिल से डॉक्टर को दिखा लाती हैं। आज मुख्यमंत्री नीतीश कुमार के इसी विश्वास का नतीजा है कि जनता स्वतंत्र रूप से अपनी राय रख रही है और विकास और विश्वास के साथ न्याय के लिए आगे आ रही है।

मीडिया की नजर में नीतीश

बिहार विधानसभा में मिले जनादेश की खबर और उसके मुखिया नीतीश कुमार के बारे में केवल बिहार की मीडिया ही नहीं बल्कि पूरे देश की मीडिया ने प्राथमिकता के साथ छापा। बिहार के तमाम अखबारों ने नीतीश कुमार की जीत की खबर को पहले पेज से लेकर अंतिम पेज तक जगह दी। वहीं मुंबई में भी नीतीश कुमार छाये रहे। मराठी मीडिया ने नीतीश की सफलता को सुर्खी बनाकर छापा। मराठी मीडिया में बिहारी भले ही मराठी राजनीति के शिकार होकर खबर बनते रहे हों, लेकिन इस बार मराठी मीडिया ने बिहार की राजनीति को प्रमुखता के साथ जगह दी है। नीतीश कुमार के विकास के गुणगान गाएं हैं और लालू की हार के मुद्दे को उठाया है। एक तरह से मराठी मीडिया ने नीतीश कुमार का सम्मान किया है। जिस तरह से मीडिया ने नीतीश की जीत पर उन्हें छापा, उससे एक बात साफ है कि मराठी मीडिया नीतीश कुमार से प्रभावित हुई। चौंकाने वाली बात यह भी है कि बिहारियों को निशाना बनाने वाली शिवसेना के अखबार सामना में भी नीतीश कुमार ने सम्मान पाया है। **सामना** ने नीतीश की **सुनामी** शीर्षक से संपादकीय छापा। नीतींश की विकास यात्रा के बारे में तारीफ के पुल बांधे। तो वहीं राष्ट्रवादी कांग्रेस पार्टी के राष्ट्रीय अध्यक्ष शरद पवार के अखबार **सकाल** में भी नीतीश कुमार को विकास पुरुष बताते हुए अपने अखबार में प्राथमिकता दी।

प्रभात खबर में **गवर्नेंस नाउ पत्रिका** के मैंनेजिंग एडिटर **अजय सिंह** लिखते हैं कि कुछ समय पहले एंटी इनकंबेंसी फैक्टर यानी सरकार विरोधी लहर राजनीतिक शब्दावली का सबसे प्रचलित मुहावरा हुआ करता था। ऐसा माना जाता है था कि अगर सरकार ठीक ठाक काम करे, तो भी कुछ वोटर सरकार के खिलाफ वोट देते थे। यानी विपक्षी पार्टियां अगर हर सीट पर अपने साझा उम्मीदवार दें और सरकार विरोध में पड़ने वाले ज्यादातर वोट अपनी तरफ खींच लें तो उन्हें सत्ता पाने में कोई परेशानी नहीं होगी। लेकिन यह धारणा विगत कुछ सालों से बीते दिनों की बात हो गई है। नीतीश कुमार के दोबारा सत्ता में वापसी की तुलना अगर 2009 के आम चुनाव और अन्य राज्यों से करें तो उनमें से कई सरकारें लगातार एक साल से ज्यादा कार्यकाल पूरा करती नजर आ रही हैं। इनमें दिल्ली, हरियाणा, मध्य प्रदेश, महाराष्ट्र, आंध्र प्रदेश, उड़ीसा, छत्तीसगढ़ और

गुजरात शामिल है। इसमें हर पार्टी, हर विचारधारा की सरकारें शामिल है। इससे एक बात यह पता चलती है कि लोग पहले की तरह जल्दबाजी में नहीं हैं। सरकार अपना काम ठीक से करती दिखे, तो उसे वे एक के बजाय दो बल्कि और भी ज्यादा मौके देने को तैयार हैं। यानी अब जनता सिर्फ नकारात्मक आलोचना और कोरे वादे पर भरोसा नहीं करती है। 2009 के लोकसभा चुनाव हों या दिल्ली, छत्तीसगढ़, गुजरात, उड़ीसा, महाराष्ट्र या फिर बिहार के चुनाव नतीजे इस बात को पुख्ता करते हैं कि जनता अब काम करने वाले को अपना मत देती है। महाराष्ट्र को छोड़कर सभी राज्यों में मुख्यमंत्री को केंद्र में रखकर चुनाव लड़ा गया और जनता ने काम करने वाले व्यक्ति को वोट दिया। बिहार के चुनाव नतीजे लोगों की इस भावना को पुख्ता करते हैं। इस चुनाव से राष्ट्रीय स्तर पर यह बात पुख्ता हो गई है कि काम करने वाले दलों को जनता फिर से सत्ता में देखना चाहती है। वैसे भी बिहार का मतदाता राजनीतिक रूप से अधिक जागरुक है। नीतीश कुमार एक ऐसे प्रदेश के मुख्यमंत्री थे, जहां कहा जाता था कि शासन नाम की कोई चीज नहीं है। ऐसे में उनकी ऐतिहासिक जीत को अलग संदर्भों में देखा जाना चाहिए। आजाद भारत में किसी भी गठबंधन को ऐसी जीत नहीं मिली होगी, जिसमें विपक्ष नाम की कोई चीज ही नहीं बची हो। समाज के जितने भी वर्ग थे, उन्होंने नीतीश कुमार के पक्ष में जनादेश दिया। लोगों ने व्यापक जनादेश इसलिए दिया ताकि यह सरकार गवर्नेंस ढांचे को विकसित करे और बिहार एक सुशासित प्रदेश बनने की राह पर अग्रसर हो सके। इस ऐतिहासिक जीत में शहर, गांव, गरीब-अमीर सभी की भागीदारी रही है। यानी उन्हें समाज के सभी तबकों का सहयोग मिला है। नीतीश की जीत में गरीब आधारित नीतियों का भी बड़ा योगदान रहा है। कुछ वर्ष पहले प्रसिद्ध इतिहासकार रामचंद्र गुहा ने नीतीश कुमार की तुलना **बराक ओबामा** से की थी। इस जीत से साबित होता है कि वाकई नीतीश देश के बराक ओबामा हैं। नीतीश के विकास मॉडल के केंद्र में गरीब हैं, इसलिए उनकी जीत अन्य राज्यों के मुख्यमंत्रियों से अलग और ऐतिहासिक है।

बिहार समाचार पत्रिका में **शैवाल गुप्ता** अपने लेख **अब मिसाल बन सकता है बिहार** में लिखते हैं कि बिहार विधानसभा चुनावों में भाजपा-जदयू गठबंधन को मिली ऐतिहासिक सफलता से स्पष्ट हो जाता है कि बिहार की जनता ने राजनीतिक स्थायित्व के पक्ष में मत दिया है। शुरुआत में ऐसी उम्मीद थी कि चुनाव त्रिकोणीय होंगे, लेकिन कांग्रेस की असफलता से चुनाव राज्य के दो दिग्गजों के बीच सिमट कर रह गया। हालांकि चुनाव परिणाम से जाहिर होता है कि यह एकपक्षीय था। कांग्रेस की हार समझ में आती है क्योंक राहुल गांधी के प्रयासों के बावजूद बिहार में राज्य स्तर का कोई नेता उभर कर सामने नहीं आया। कांग्रेस की तुलना में राजद-लोजपा गठबंधन से उम्मीद थी कि वे एक नया एजेंडा लोगों के सामने पेश करेंगे। लेकिन ऐसा करने की बजाय वे बटाईदारी बिल का विरोध करते दिखे। इससे समाज का सबसे गरीब तबका जो कि इस गठजोड़ का बड़ा आधार था वह राजद-लोजपा से दूर हो गया और यह तबका पूरी तरह नीतीश कुमार के साथ हो गया। बिहार में एनडीए की जीत देश के लिए भी एक सबक

है। सबसे खास बात यह है कि नीतीश की जीत किसी समुदाय विशेष को आकर्षित करने की छद्म नीतियों या लुभावनीय नारों के आधार पर नहीं हुई है। यह चुनाव नीतीश कुमार के लिए एकतरफा जनादेश लेकर आया है। इस जीत के बाद नीतीश कुमार की राष्ट्रीय स्तर पर एक पहचान बन गई है अब इस संभावना से इंकार नहीं किया जा सकता है कि 2014 में होने वाले आम चुनाव में एनडीए बिहार के विकास मॉडल के आधार पर चुनाव लड़े।

किसी प्रांत के चुनाव में ही नहीं, राष्ट्रीय स्तर पर भी एक मजबूत गठबंधन के लिए मुस्लिम समुदाय का समर्थन आवश्यक है। बिहार के चुनाव परिणाम से स्पष्ट हो गया है कि अब मुसलमानों के लिए भाजपा अछूत नहीं रही। यह संदेश देश में एक नये गठबंधन का आधार तैयार करने वाला हो सकता है। कई पार्टियां जो पहले एनडीए गठबंधन का हिस्सा थी और बाद में अलग हो गयी। वे फिर से इस गठबंधन का हिस्सा बन सकती हैं। नीतीश कुमार ने यह साबित कर दिया है कि भाजपा के साथ सरकार चलाकर भी मुस्लिमों के लिए योजनाएं चलाई जा सकती हैं। यह परिणाम भाजपा के लिए भी एक संदेश है। दूसरी सबसे अचंभित करने वाली बात महिला मतदाताओं की संख्या में 10 फीसदी का इजाफा होना रहा है। आजादी के बाद यह पहला चुनाव रहा जहां पुरुषों के मुकाबले महिला मतदाताओं की संख्या पांच फीसदी अधिक रही। यह आश्चर्यजनक बदलाव सिर्फ मुख्यमंत्री द्वारा पंचायत में दिए गए **आरक्षण, साईकिल योजना** या **अक्षर आंचल योजना** के कारण संभव हों पाया है। इसके पीछे राज्य की संस्थाओं का बेहतर ढंग से काम करना रहा है। संस्थाओं के काम करने से पुरुषों के मुकाबले महिलाओं को अधिक फायदा होता है। सक्रिय राज्य संस्था से महिलाओं में सुरक्षा बोध की भावना होती है और वे बिना भय के कहीं भी जा सकती है। महिलाओं का बढ़ा हुआ मत प्रतिशत धर्म के बंधनों से मुक्त रहा। मुस्लिम बहुल इलाकों में महिलाओं का मत प्रतिशत इस चुनाव में काफी अधिक रहा है। पिछली सदी में हुए सामाजिक सुधारों से बिहार अछूता रहा है, लेकिन अब निचले स्तर से बदलाव की गूंज सुनाई देने लगी है। बेहतर कानून व्यवस्था से लिंग और धर्म आधारित योजनाओं का क्रियान्वयन बेहतर तरीके से होता है। सत्ता संभालते ही नीतीश कुमार ने पहला काम किया जिसमें राज्य की मृतपाय हो गई संस्थाओं को काम करने लायक बनाया। इस बदलाव में तकनीक के साथ ही समाज के वंचित तबकों को ध्यान में रखकर नीति बनायी गई और सबसे बेहतर तो यह रहा कि छोटे-मोटे मनमुटावों को अगर नज़रअंदाज कर दिया जाए तो गठबंधन के सहयोगियों का साथ हमेशा ही मुख्यमंत्री नीतीश कुमार को मिला। सुशील कुमार मोदी के नेतृत्व में भाजपा ने नीतीश कुमार को पूरा सहयोग दिया। अब नीतीश कुमार को राज्य संस्थाओं को और भी मजबूत बनाना होगा ताकि बिहार एक काम करने वाले राज्य से गतिशील राज्य में बदल जाए। साथ ही सामाजिक क्षेत्र और विकास की योजनाओं का अमल बेहतर तरीके से करना होगा। इस जीत के मायने काफी गहरे हैं। पहली बार जनता ने विकास के आधार पर वोट दिया है। नीतीश सरकार की दोबारा वापसी से लोगों की

उम्मीदें काफी बढ़ गई हैं। 2005 में जब नीतीश कुमार ने सत्ता संभाली थी तब राज्य की स्थिति काफी खराब थी लेकिन पिछले पांच सालों में स्थितियों में जो सुधार आया है वह इस बात का गवाह है कि इन पांच सालों में बदलाव हुए हैं। ऐसे में नीतीश कुमार के अब विकास कार्यों को तेज करने में परेशानी नहीं होनी चाहिए। इस कार्यकाल में उनके सामने जो सबसे बड़ी चुनौती होगी वह है राज्य में बिजली के उत्पादन में बढ़ोत्तरी की। बिना ब्रिजली के राज्य में पूंजी निवेश नहीं होगा। बिजली क्षेत्र के विकास के लिए निजी कंपनियों को आमंत्रित करना होगा।

रोजगार के अवसर बढ़ाने के लिए औद्योगिक ईकाइयां स्थापित करने की पहल करनी होगी। बिहार में कृषि क्षेत्र की स्थिति काफी अच्छी नहीं है। कई इलाके बाढ़ग्रस्त हैं, तो कई इलाके सूखाग्रस्त हैं। राज्य में सिंचाई की सुविधा का विकास करना सबसे बड़ी चुनौती होगी। बिहार में कृषि आधारित उद्योगों के विकास की काफी संभावना है। कृषि आधारित उद्योगों के विकास से ग्रामीण स्तर पर काफी लोगों को रोजगार मिलेगा। बिना कृषि क्षेत्र के विकास के राज्य से पलायन करने वाले मजदूरों की संख्या में कमी नहीं होने वाली है। लेकिन इन लक्ष्यों को हासिल करने के लिए नीतीश कुमार को विधायिका, कार्यपालिका और न्यायपालिका के बीच बेहतर समन्वय बनाने की कोशिश करनी होगी। हालांकि पिछले कार्यकाल में यह सामंजस्य बेहतर दिखा भी था। कार्यपालिका और न्यायपालिका के बीच बेहतर समन्वय बनाने की कोशिश करनी होगी। हालांकि पिछले कार्यकाल में यह सामंजस्य बेहतर दिखा भी था। कार्यपालिका और न्यायपालिका के बीच बेहतर समन्वय के कारण ही राज्य में 50 हजार से अधिक अपराधियों को सजा हुई। इससे राज्य फिर से विकास के रास्ते पर चला है। कार्यपालिका और न्यायपालिका के बीच समन्वय में अब विधायिका को भी शामिल करने की कोशिश करनी चाहिए। तभी बिहार में व्यापक बदलाव संभव होगा, जो पूरे देश के लिए उदाहरण बन जायेगा।

राज्यसभा के सदस्य **एन.के. सिंह हिंदुस्तान** के पटना संस्करण में **आसमान से उड़ने की आशा** शीर्षक से लिखे लेख में लिखते हैं कि, जो उम्मीद थी वही हुआ। मतदाताओं ने नीतीश कुमार को फिर से सत्ता में बिठा दिया है। एक वाक्य कहा जाए तो उन्होंने अपने पहले कार्यकाल में उपेक्षा, अराजकता और हताशा के अंधकार को जिस तरह से छिन्न-भिन्न किया था, यह उसी उम्मीद की विजय है। बिहार ने उनकी नीतियों को जारी रखने के पक्ष में अपना मत दिया है। इस प्रक्रिया में मतदाताओं की अपेक्षाओं का दायरा भी यकीनन बढ़ा है। अलबत्ता नीतीश कुमार की सत्ता में वापसी के गहरे निहतार्थ हैं। यह चुनावी संघर्ष नीतीश कुमार और सुशासन पर उनके जोर के बारे में एक जनमत संग्रह में तब्दील हो गया था। ऐसा महसूस हो रहा था कि यह चुनाव नीतीश के लिए नीतीश के बारे में और नीतीश पर ही लड़ा गया है। राजनीतिक पार्टियों की आभा तो कहीं खो गई थी। नीतीश कुमार के सुशासन के नारे ने जाति, वर्ग और संप्रदायों की संकीर्णताओं पर फतह हासिल की है। अभी ज्यादा वक्त नहीं हुआ है, जब बिहार को

एक पिछड़े राज्य के उदाहरण के तौर पर पेश किया जाता था, लेकिन विडंबना देखिए कि इसी पिछड़े सूबे ने सामाजिक क्षुद्रताओं के बजाय विकास केंद्रित राजनीति को तरजीह दी है। इसके प्रदर्शन ने राज्य के बाहर की फिजा को भी प्रभावित किया है और यह दूसरे राज्यों के मतदाताओं के लिए दिशा-निर्देशक बन सकता है। अब यह पूरी तरह से मान्य है कि नीतीश कुमार को तिहरे लाभांश का फायदा हुआ है। सबसे पहले तो शांति का लाभांश है, जिसने राज्य में सुरक्षा और आत्मविश्वास का नया माहौल कायम किया। अर्थशास्त्री इसे **एनिमल स्पिटिट** कह सकते हैं। इसी माहौल के कारण राज्य के लाखों छोटे उद्यमियों ने निवेश, उपभोग और बेहतर भविष्य की खोज के फैसले लिए, जिनसे राज्य के लोगों की जिंदगियां सुधरी हैं।

दरअसल सतह के बराबर चलने वाली इन गतिविधियों का प्रभाव बहुस्तरीय होता है और यह प्रभाव किसी व्यवस्थित आर्थिक मॉडल की परिभाषा से परे होते हैं। दूसरा लाभांश जनसांख्यिकी संबंधी है। इसके तहत राज्य की सुधरी हुई शिक्षा व्यवस्था का लाभ नीतीश कुमार को मिला है। जैसे स्कूलों में बच्चों की संख्या में बढ़ोत्तरी बालक-बालिका शिक्षा के बीच के फासले में लगातार आती कमी, बच्चों द्वारा बीच में ही पढ़ाई छोड़ने की दर में गिरावट के साथ-साथ उच्च व तकनीक शिक्षा के नए-नए संस्थानों की स्थापना ने जो माहौल बनाया, उसका उन्हे बड़ा फायदा मिला। इससे हम लैंगिक लाभांश को भी रख सकते हैं, क्योंकि महिला सशक्तिकरण को लेकर बिहार सरकार ने विभिन्न स्तरों पर जो नीतियां लागू की, उन नीतियों ने राज्य की महिलाओं को परिवर्तन का सक्रिय प्रतिनिधि बनाया है। कुल मिलाकर कहें तो विकास के इंद्रधनुषी लाभांश का फायदा अल्पसंख्यकों, महापिछड़ों और उनमें भी सामाजिक श्रेणी में जो सबसे निचले पायदान पर हैं, उनको पहुंचा है। बिहार की जनता ने जिस तरह का भरोसा नीतीश कुमार में जताया है, उससे वह अभिभूत भी हो सकते हैं और आतंकित भी, क्योंकि बिहार के आगे चुनौतियों का अंबार है। उनका हल अभी ढूंढ़ा जाना है। नीतीश को अगले पांच वर्षों में अनेक चुनौतियों का सामना करना होगा, जिनमें से सात तो काफी महत्वपूर्ण हैं।

सबसे पहले तो नई सरकार को जन हस्तक्षेप और वितरण प्रणाली को अधिक सक्षम बनाना होगा। विभिन्न कार्यक्रमों के क्रियान्वयन में नौकरशाही द्वारा अड़चन डालने की शिकायतें लगातार मिलती रही है, उसे प्रभावी तरीके से ठीक करने की जरुरत है। यूनिक पहचान पत्र बनाने की प्रक्रिया को और गति देनी होगी, ताकि जन-वितरण प्रणाली के रिसाव पर पूरी तरह से लगाम लगाई जा सके और गरीबी उन्मूलन से संबंधित सरकारी योजनाओं के तहत जो धन का हस्तांतरण होता है, वह जरुरतमंदों की हालत में निर्णायक अंतर ला सके। विशाल सार्वजनिक लागत के जरिये ऊंची विकास दर को बनाए रखने की अपनी सीमाएं है। इसलिए निजी निवेश तथा बड़े मध्यम व छोटे उद्यमों में पब्लिक प्राइवेट पार्टनरशिप के लिए नई पहल की जानी चाहिए। फिर परिणामों की निगरानी में अधिक जागरुकता की दरकार है।

इसमें कोई दो राय नहीं कि पिछले पांच वर्षों में बिहार में सड़क संपर्क की हालत काफी सुधरी है, इसके बावजूद इनके रख-रखाव को लेकर अब भी बहुत कुछ करने की आवश्यक्ता है। ऊर्जा सुरक्षा एक जटिल विषय है। कोयला अनुपलब्धि के अभाव को दूर करना होगा और बिजली उत्पादन के नए स्रोतों की दिशा में भी नीतीश सरकार को तेजी से काम करना पड़ेगा। कुछ समय के लिए दूसरी जगहों से विद्युत व्यापार को सहारे या अन्य वित्तीय इंजीनियरिंग के जरिये बिजली खरीदी जा सकती है। लेकिन नीतीश को अपने इस कार्यकाल के शुरुआती वर्षों में ऊर्जा सुरक्षा को प्राथमिकता की सूची में रखना होगा। विद्युत उत्पादन की गारंटी के बिना कृषि आधारित रोजगारों के सृजन या निजी निवेश को प्रोत्साहित करने की बातें महज शब्दाडंबर बनकर रह जाएंगी। हालांकि कृषि क्षेत्र में विकास दिखा है, लेकिन राज्य सरकार द्वारा तैयार कृषि कार्य योजना को पूरी तरह से लागू किए जाने की आवश्यक्ता है। इसके तहत बीज बदलकर उर्वरकों की श्रेष्ठतम इस्तेमाल करके एवं कमजोर खेती से निजात पाने के लिए ग्रामीण इलाकों में ऋण को प्रोत्साहित करके कृषि उत्पादन को दोगुना किया जाना चाहिए।

बिहार को विकसित राज्य बनाने के लिए मानव संसाधन विकास के मामले में अपनी स्थिति सुधारनी होगी। इसके लिए स्त्रियों-पुरुषों के बीच जो विकास संबंधी फासले हैं, उन्हें मिटाना होगा। इसी तरह, शिशु व मातृ मृत्यु दर न्यूनतम स्तर पर लानी होगी। व्यावसायिक व उद्योग संबंधी प्रशिक्षण के जरिए रोजगार केंद्रों का निर्माण करना होगा। केंद्र की विभाजक राजनीति पर भी काबू पाना होगा। बिहार जैसे पिछड़े प्रदेश ने जो ठोस प्रयास किए हैं, उसे देखते हुए मुख्यधारा में उसके शामिल होने से भारत का भला ही होगा। विभाजनकारी राजनीति से केंद्र की सत्ताधारी गठबंधन को कोई लाभ नहीं होता। केंद्रीय नेतृत्व को अपनी विलक्षणता व दूरदर्शिता का परिचय देना चाहिए। जो क्षुद्र राजनीतिक संकीर्णताओं से उसे परे ले जाती है। बिहार, इतिहास के चौराहे पर खड़ा है। नीतीश कुमार ने जनता को स्वीकार्य रिपोर्ट कार्ड की हदों को ऊपर उठा दिया है। बिहार के मतदाताओं ने भी साबित कर दिया है कि वे इस सूबे की तकदीर को अतीत का बंधक नहीं बनने देंगे। उन्होंने बिहारी गौरव को फिर से जगा दिया है, अब भला उन्हें परास्त करने की हिमाकत कौन कर सकता है।

नीतीश कुमार की जीत पर **डॉ. अनुपम ओझा** की टिप्पणी है कि **नीतीश कुमार की जीत बिहार के जिंदा होने की खबर है।** इमरजेंसी के बाद बिहार की प्रति व्यक्ति आय और अन्य राज्यों की आय के बीच चव्वनी और रुपये का फर्क था। बिहार आंदोलन और नए सत्यों के उद्भव की जमीन के रूप में जाना जाता रहा है लेकिन आर्थिक रुप से बीमारी की ओर धकेले जाने के बाद बिहार के विकास का ग्राफ लगातार नीचे की तरफ गिरता चला गया। बिहार घायल हो गया। हिंसक हो गई। आत्मघाती हो गया। घर का घर, रोजी की तलाश में दरवेश हो गया। बिहार की रीढ़ तोड़ दी गयी थी उसे आर्थिक रुप से दबा दिया गया। ओझा की टिप्पणी है कि बिहार जूता सीलने वाले से बौद्धिक,

तकनीकी, प्रशासनिक, विज्ञान, कला, साहित्य, सिनेमा सभी क्षेत्रों में ओबिडिएन्ट श्रमिक सप्लाई करने की फैक्ट्री बन गया। बिहार खाली हो गया। जंगल गांवों में और गांव महानगरों की ओर भागने लगे, बिहारी! यह शब्द अपमानजनक तरीके से बरता जाने लगा। नीतीश जी की दूसरी जीत तक बिहार अपनी रीढ़ सीधी कर रहा था। अब बिहार अपने कद में खड़ा है नीतीश जी के चेहरे पर आप बिहार को पढ़ सकते हैं।

चौथी दुनिया ने अपने एक विशेष लेख **इतिहास का नायक** में लिखा है कि बिहार में नीतीश कुमार की जीत उनकी अपनी है या बिहार की जनता की, यह सवाल बहुत लों के मन में है। इसका उत्तर बहुत साफ है। बिहार में जनता जीती है और उसने नीतीश कुमार के रूप में एक ऐसा नेता चुना है, जिस पर बहुत से सपनों को पूरा करने की जिम्मेदारी सौंप दी गई है। बिहार की जनता ने समय-समय पर ऐतिहासिक फैसले किए हैं, यह फैसला उनमें से एक है। याद करें तो महात्मा बुद्ध याद आते हैं, तीर्थंकर महावीर याद आते हैं, चाणक्य याद आते हैं और वैशाली गणतंत्र याद आता है। नालंदा विश्वविद्यालय याद आता है, गांधी जी के आंदोलन की शुरुआत का केंद्र चंपारण याद आता है। भारत के पहले राष्ट्रपति डॉ. राजेन्द्र प्रसाद याद आते हैं और याद आते हैं **लोकनायक जयप्रकाश नारायण** जिन्होंने देश में लोकतंत्र और बुनियादी परिवर्तन की लड़ाई शुरू की। लोकनायक जय प्रकाश के आंदोलन से निकले बहुत से लोग आज राजनीति के शीर्ष पर हैं, जिनमें बिहार के लालू प्रसाद यादव, रामविलास पासवान और नीतीश कुमार प्रमुख है। बिहार की जनता ने इस बार इन तीनों में साफ तौर पर नीतीश कुमार को अपना नेता चुना है। साठ के दशक के अंतिम चरण में जब बिहार में बूथ कैप्चर करने की शुरुआत हुई तो उसने पंद्रह सालों में इतना विकराल रुप धारण कर लिया कि कभी लगता ही नहीं था कि अब साफ-सुथरे चुनाव देखने को मिलेंगे। सारे देश में यह तकनीक बिहार से गई, बिहार का नाम देश में काफी बदनाम हुआ। फिर आया लालू यादव का दौर, तब बिहार में सत्ता में वे लोग आए जिन्हें कभी सत्ता में हिस्सेदारी मिली ही नहीं थी। पिछड़े दलितों के समूहों में बहुत आशाएं पैदा हुईं, पर पंद्रह सालों में बहुत सी आशाएं टूट गई। ऐसा लगा कि सत्ता है ही नहीं, जिसके पास आती, वह एक ही चरित्र का हो जाता। पंद्रह सालों में विकास तो हुआ ही नहीं, सत्ता में हिस्सेदारी न दबे कुचलों को मिली और न अल्पसंख्यकों को। इसके विपरित बिहार में अपराध बढ़ गए, रंगदारी, अपहरण के उद्योग खड़े हो गए। व्यापारी से लेकर रिक्शा वाला तक असुरक्षित हो गया। अपराधियों के लिए-करोड़पति से लेकर पचास रुपये रखने वाला शिकार बन गया। महिलाएं शाम के बाद सड़कों पर निकलती नहीं थी। कहा जाने लगा कि शाम के बाद जितनी बड़ी गाड़ी निकलती थी, उसमें उतना ही बड़ा गुंडा नेता की पोशाक में निकलता था। विकास के नाम पर बिहार शून्य था, विकास का पहला कदम सड़क गायब हो गई थी, कहा जाने लगा था कि बिहार में सड़कों पर गड्ढ़े नहीं हैं, गड्ढ़ों में सड़क है। बिहार में किसी को आशा नहीं थी कि दृश्य बदलेगा।

जाति का इतना गहरा असर था कि लोग मानने लगे थे कि बिहार जाति की राष्ट्रीय

राजधानी है। हर जाति या नेता अपनी जाति को अपनी जागीर मानने लगा था। फिर आया नवंबर 2005, जिसमें जनता ने साधारण बहुमत से नया प्रयोग किया, सत्ता नीतीश के हाथों में आ गई। इसके बाद नवंबर 2010 जिसमें बिहार की जनता ने ऐतिहासिक फैसला दिया, न कोई लाग, न लपेट न कोई संदेह। इतना बहुमत नीतीश को दे दिया कि वह जो चाहें करें, उन्हें रोकने की ताकत किसी के पास नहीं, न लालू यादव और न रामविलास पासवा के पास। यह फैसला देश का सबसे बड़ा राजनैतिक फैसला है। जिसमें बिहार की जनता ने एक झटके में जाति का बंधन तोड़ दिया और धर्म आधारित राजनीति को भी बांध दिया। इसमें सभी शामिल रहे, यादव भी, मुसलमान भी और दलित भी।

बिहार की जनता का यह फैसला मंडल कमीशन से आगे जाता है। बिहार के लोगों ने उन लोगों को नकार दिया, जो मंडल कमीशन से निकले राजनैतिक फायदे को सिर्फ पिछड़ों के मजबूत वर्गों तक ही सीमित रखना चाहते थे। एक नई आशा पैदा हुई है कि अब कमजोर वर्गों में भी नया नेतृत्व उभर सकता है। अति पिछड़ों और महादलितों के साथ महिलाएं भी वंचित रही है। अब कमजोर वर्गों में भी नया नेतृत्व उभर सकता है। अति पिछड़ों और महादलितों के साथ महिलाएं भी वंचित रही है। नीतीश कुमार ने पंचायतों में महिलाओं को पचास प्रतिशत आरक्षण दिया। अत्यंत पिछड़ी जातियों को भी आरक्षण दिया इससे इनमें संदेश गया कि अब इन्हें भी सत्ता में हिस्सेदारी मिल सकती है। इतना ही नहीं, स्कूलों में उन्हें नौकरी मिली। स्थानीय निकायों के एकल पदों पर भी महिलाओं की नियुक्तियां हुई। प्राइमरी शिक्षकों की लगभग दो लाख के बराबर नियुक्तियां हुई। जिससे लोगों मे आशाएं जगी। हालांकि इसमें नालायक और सिफारिशी अयोग्य लोग भी नियुक्त हुए, पर एक शुरुआत हुई। जिसका आम लोगों ने स्वागत किया। स्कूलों में पोशाकें बंटी, लड़कियों को साइकिलें मिली। यह बिहार के लिए एक नई बात थी। लड़कियों के झुंड के झुंड स्कूल जाने लगे। यह सब इतना खामोशी से हुआ कि इसका असर लालू यादव और रामविलास पासवा भांप भी नहीं पाए। ये अपने कार्यकर्ताओं की बात भी नहीं सुनना चाहते थे। हालांकि कार्यकर्ता इन्हें बताना चाहते थे कि जमीनी सच्चाई बदल रही है। दोनो महाबली मानते थे कि जब ये मिल जाएंगे तो बिहार में उन्हीं की सत्ता आएगी क्योंकि दबंग यादव और मजबूत पासवान का जबाव कमजोर अति पिछड़े और महादलित क्या देंगे? मुसलमानों को तो ये अपनी जेब का चिल्लर समझते थे कि वे उन्हें छोड़कर जाएंगे कहां? साल भर पहले हुए उपचुनावों ने दोनों को आश्वस्त कर दिया था। जीत के बाद लालू यादव की पार्टी ने जिस तरह जश्न मनाया उससे बिहार के लोग आशंकित हो गए। लालू यादव और रामविलास पासवान चुनावों से छह महीने पहले बिहार में सक्रिय हुए। दोनों सचमुच विश्वास करते थे कि यादव, पासवान और मुसलमान का गठजोड़ उनके हाथ में सत्ता लाने वाला है। उधर नीतीश कुमार का खामोशी से बोया चेतना बीज का प्रभावी ढंग से अपना काम कर रहा था। जिसका असर ये दोनों महसूस ही नहीं कर पाए। इनके कार्यकर्ता और नेता जमीनी हकीकत जानते थे। इसलिए नेता इनसे टूटकर नीतीश की पार्टी में शामिल होने लगे। इन्हें

कोई चिंता ही नहीं। पासवान की पूरी अल्पसंख्यक इकाई ही नीतीश के साथ चली गई। ये दोनों महाबली 15 साल पुरानी रणनीति पर चल रहे थे। इस बार लालू यादव को लगा कि वह अपने बेटे को चुनावों में जनता के सामने लाकर अपना उत्तराधिकारी घोषित कर देंगे। उनका बेटा तेजस्वी आम सभाओं में भाषण देने लगा। राजनीति में अपने पापा को अपना कोच बताने लगा। उधर रामविलास पासवान ने अपने परिवार के छह लोगों को विधानसभा चुनाव में खड़ा कर दिया, जिनमें उनके दोनों भाई भी शामिल थे। लालू यादव और रामविलास पासवान के पास चुनाव जीतने की कोई योजना थी ही नहीं। लालू यादव की योजना बनाने वाले उनके **शिवानंद तिवारी** जैसे साथी उन्हें छोड़ गए और जो साथ थे जाबिर हुसैन वे खामोश बैठ गए। इन्होंने न केवल अपनी पार्टी को बल्कि जनता को भी टेकेन फॉर ग्रांटेड लिया। स्वयं को मुख्यमंत्री घोषित करना लालू यादव के लिए जहर हो गया और **पशुपति पारस** को उप मुख्यमंत्री घोषित पासवान के लिए हार का कारण बन गया।

नई दुनिया में आलोक मेहता ने बीमारु नहीं, शिखर की ओर जमते कदम शीर्षक से लिखे लेख में लिखा है कि, अब विकास के नक्शे बिहार की तस्वीर बदली हुई दिखने लगी है। प्रगति का रास्ता पथरीला और कांटों का भरा जरूर है। लेकिन पदयात्रियों को सही रास्ते पर बढ़ाने वाले नेतृत्वकर्ता की दृढ़ता, इच्छाशक्ति और दूरदर्शिता हो तो शिखर की ओर बढ़ते कदम नहीं लड़खड़ाते। दिल्ली दरबार ही नहीं परदेस राजनयिक भी मानने लगे हैं कि बिहार में विकास का रथ चल निकला है। पूर्ववर्ती सरकार की काली छाया में झुलसी यहां की जनता इससे उबने लगी है। 15 वर्षों के कुशासन का दंश झेल चुका बिहारी समाज अब लालटेन के झांसे में न फंसकर सामाजिक-आर्थिक क्षेत्र में शिक्षा, स्वास्थ्य, और रोजगार को प्राथमिकता दे सकने वाली सकल सुलभ रोशनी चाहती है। बिहार में सामाजिक आर्थिक बदलाव की आकांक्षाएं पुरानी है। महात्मा गांधी, विनोबा भावे, डॉ. राजेन्द्र प्रसाद, जवाहरलाल नेहरु, जयप्रकाश नारायण, इंदिरा गांधी और राजीव गांधी ने भी बिहार की कायापलट के लिए अपने-अपने ढंग से अभियान चलाया। प्रदेश के पहले मुख्यमंत्री डॉ. श्रीकृष्ण ने कांग्रेस नेतृत्व में बनी पंचवर्षीय योजना का खाका 29 सितंबर 1951 को विधानसभा में पेश करते हुए अपनी आशंकाएं स्पष्ट शब्दों में व्यक्त की थी, बिहार हिन्दुस्तान के अन्य सभी राज्यों से आर्थिक मामलों में पिछड़ा हुआ है। योजना आयोग ने 55 करोड़ की योजना मंजूर की है और 15 करोड़ के लिए आश्वासन दिया है। यह निरा आश्वासन ही है, क्योंकि वह निश्चित ढंग से आवंटित नहीं है।

बिहार को अन्य प्रांतों की अपेक्षा अधिक रकम मिलनी चाहिए। हमारे देश में ऐसे गरीबों की कमी नहीं, जिनका जीवन स्तर न्यूनतम से भी कम है। सरकार ने करोड़ों रुपये देहात में कर्ज देने के लिए खर्च किए मगर रुपया ठीक जगह पर ठीक आदमी के पास नहीं पहुंच पाता। अनाज पैदा करने से ही काम नहीं चलेगा। उसको एक जगह से दूसरी जगह तक पहुंचाने की जरूरत है। ताकि सबका भरण-पोषण हो सके। 60 साल बाद भी

चुनौतियां वहीं हैं। आंतरिक खींचातानी और उथल-पुथल के बीच **श्रीकृष्ण सिंह, विनोदानंद झा, महामाया प्रसाद सिंह, बिंदेश्वरी प्रसाद मंडल, भोला पासवान शास्त्री, दारोगा प्रसाद राय, कर्पूरी ठाकुर, अब्दुल गफूर, केदार पांडेय, जगन्नाथ मिश्र, भागवत झा आजाद, सत्येन्द्र नारायण सिन्हा** जैसे प्रभावशाली नेताओं के रहते बिहार ने देखा है। उन दशकों में किसी ईमानदार मुख्यमंत्री को भी सुकून से काम के लिए अधिक समय नहीं मिला। इस दृष्टि से लालू प्रसाद यादव को व्यापक समर्थन से राज करने का अवसर मिला लेकिन सत्ता के नशे में चारा कांड से शुरू हुआ, भ्रष्टाचार असहाय गरीब बाढ़ पीड़ितों का दाना-दाना निगल जाने तक चला। गड़बड़ियों का सिलसिला प्रदेश के लिए भयावह विनाशकारी साबित हुआ। बहरहाल, नीतीश कुमार के नेतृत्व में बिहार के विकास की गाड़ी तेजी से चली है। बाढ़ और सूखे से निपटते हुए प्रदेश की विकास दर को 11.3 प्रतिशत तक ले जाना, सड़कों की हालत चमत्कारिक ढंग से बदलना, 15 वर्ष बनाम 50 महीनों की तुलना में अपराधों पर बहुत हद नियंत्रण, शिक्षा, कृषि, स्वास्थ्य तथा उद्योग-व्यापार क्षेत्र में संसाधनों के साथ सहयोग से उम्मीद बढ़ाना सचमुच उपलब्धि है। नीतीश कुमार 2015 तक बिहार को विकसित प्रदेश के रूप में पेश कर सकने का संकल्प लिए हुए हैं।

दैनिक जागरण अखबार के संवाददाता **नीरज कुमार** ने अपनी रिपोर्ट **महादलित समाज के बच्चे बोल रहे हैं** अंग्रेजी में लिखा है, राज्य में महादलित समाज के शैक्षिक एवं सांस्कृतिक विकास का यह आलम है कि उनके बच्चे किसी सूट-बूट धारी व्यक्ति से यह कहने से नहीं हिचकते कि हेलो सर, हाउ आर यू। इससे भी बड़ी बात यह है कि महादलित समाज में सबसे निचले पायदान पर खड़े मुसहर समाज के बच्चे इस सच को साबित कर रहे हैं। राज्य सरकार ने महादलितों की पहचान के लिए **विकास मिशन** नामक संस्था का गठन किया है। साथ ही इसके विकास के लिए **आवासीय भूमि योजना, जलापूर्ति योजना, महादलित आवास योजना, महादलित शौचालय निर्माण, महादलित बस्ती संपर्क पथ योजना, महादलित आंगनबाड़ी महादलित विशेष विद्यालय एवं छात्रावास, पोशाक कौशक विकास** जैसी योजनाओं को संचालित कर रही है। इन योजनाओं का शत-प्रतिशत लाभ उनके द्वार पहुंच रहा है। मुख्यमंत्री महादलित पोशाक योजना के तहत 43-75 करोड़ एवं **महादलित शौचालय निर्माण योजना** के तहत 7 करोड़ रुपये की राशि सभी जिलों के लिए विमुक्त की गयी है। अब तक 7,80,658 बच्चों को पोशाक की आपूर्ति की जा चुकी है। जीवन दृष्टि कार्यक्रम के तहत लोगों के बीच ट्रांजिस्टर का वितरण किया गया। साथ ही 6422 महादलित विकास मित्र चयनित किए गए हैं। तृतीय चरण की बहाली की प्रक्रिया भी जारी की जा चुकी है।

महादलित शौचालय योजना के तहत 49,063 शौचालयों का निर्माण किया गया जा चुका है। बिहार विद्यालय समिति की दसवीं की परीक्षा प्रथम श्रेणी में उतीर्ण अनुसूचित जाति एवं अनुसूचित जनजाति के छात्र-छात्राओं को मुख्यमंत्री अनुसूचित

जाति एवं अनुसूचित जनजाति मेघावृत्ति योजना के तहत 10 हजार रुपये देने की योजना है। इससे असहाय छात्र लाभान्वित हुए हैं और उनके आत्मबल में विकास हुआ है।

मुख्यमंत्री बिहार दर्शन योजना के तहत मध्य विद्यालय के छात्र-छात्राओं को जिले से बाहर भेजने का सिलसिला शुरू किया गया, जिससे नए-नए चीजों को देखकर उनके ज्ञान में वृद्धि हो रही है। मुख्यमंत्री महादलित पोशाक योजना के तहत प्रारंभिक कक्षाओं के महादलित छात्र-छात्राओं को पोशाक सुलभ कराने की व्यवस्था कायम की गई है, जिससे स्कूल जाने में रुचि बढ़ गई।

नीरज कुमार लिखते हैं कि आज राज्य सरकार के प्रति उनके विश्वास में इजाफा हुआ है। आज बालिकाएं राज्य के 382 कस्तूरबा गांधी बालिका विद्यालयों में शिक्षा ग्रहण कर रही हैं। इन विद्यालयों में कुल 34,200 छात्राएं लाभान्वित हो रही हैं। आज बिहार के हर समाज में पढ़ने की ललक पैदा हो गई है। आज बिहार की ग्रामीण महिलाएं अक्षर आंचल योजना का लाभ ले रही हैं। इसका प्रभाव भी ऐसे परिवार के पढ़ने वाले बच्चों पर खूब पड़ रहा है। आज बिहार में पढ़ाई के प्रति लोग जागरुक हो गए हैं और राज्य सरकार इसमें भरपूर सहयोग प्रदान कर रही है।

नवभारत अखबार के पत्रकार **कुंदन कुमार सिंह** ने **प्रगति के पथ पर, बिहारी बालाएं** शीर्षक में लिखे लेख में बताया कि किस प्रकार बालिकाएं आज प्रगति के पथ पर हैं। दस वर्ष की ऋचा अपने प्रखंड पटेढ़ी बेलसर के एक बहुत ही छोटे गांव बेदौलिया के प्राथमिक विद्यालय में कक्षा 6 की छात्रा है, वह प्रतिदिन अपने भाई-बहनों के साथ समय से विद्यालय जाती है। उसे समय से विद्यालय जाते देख रास्ते में लोग अपनी घड़ी मिलाते हैं। एक दिन की घटना है कि मूसलाधार बारिश के कारण स्कूल जाने वाली सड़क के दोनों ओर गड्ढे पानी से भर गए थे। ऋचा अपनी छोटी बहन शिखा के साथ स्कूल के रास्ते में एक चापाकल पर पानी पीने गई। चंचल शिखा पानी पीने के बाद सड़क किनारे गड्ढे में पैर धोने चली गई। शिखा का पैर फिसल गया था। इधर पानी पीने के बाद ऋचा ने पलटकर देखा तो उसकी छोटी बहन शिखा वहां नहीं थी। उसने बेचैन होकर इधर-उधर देखा तो उसके होश उड़ गए। उसकी छोटी बहन सड़क के किनारे पानी से भरे गड्ढे में डूब रही थी। लेकिन ऋचा ने बिना घबराए एक हाथ से सड़क के किनारे उपजे घास को पकड़ा और अपना दूसरा हाथ शिखा की ओर बढ़ाया। शिखा ने ऋचा के हाथ को पकड़ लिया और पानी से बाहर आ गई। इस तरह अपने विवेक से ऋचा ने अपनी छोटी बहन की जान बचाई।

अगर विद्यालय समय में एक भी बच्चा अपने कार्यस्थल पर दिखा तो हम लोग आपका काम नहीं होने देंगे, नरेगा कार्य स्थल के ठेकेदार को 12 वर्षीय कदम ने चुनौती दी, तब सभी आश्चर्यचकित हो बच्चों के हुजूम और उसकी नेत्री को देखने लग गए। बरियारपुर प्रखंड मुंगेर के गणेशपुर मुशहरी प्राथमिक विद्यालय में पढ़ने वाली कदम बाल संसद की प्रधानमंत्री है और अपने टोले के सारे बच्चों को विद्यालय लाने की जिम्मेवारी भी बखूबी निभा रही है। उक्त दिन जब कदम अपने सांसदों के साथ बच्चों को बुलाने

के लिए गई तो पता चला कि बच्चे अपने मां-बाप के साथ पास में ही नरेगा के कार्यस्थल पर गए है। फिर क्या था, बाल संसद के हुजुम ने चेतावनी दी। जितेन्द्र मांझी एवं शांति देवी की इस एकमात्र पुत्री ने लोगों को दिखा दिया है कि शिक्षा कैसे हौसले को पंख देती है। कदम आगे चलकर डॉक्टर बनना चाहती है। सिकटी प्रखंड अररिया जिला के रामनगर पोठियां निवासी दुलारी के मन में बचपन से ही अन्य बच्चों की तरह स्कूली शिक्षा पाने के लिए अदम्य ललक थी, किंतु उसके पिता इसके लिए कभी राजी नहीं हुए। उसके अनुरोध पर उनका टका सा जवाब होता था, तू ठहरी मुसहर की बेटी क्या करोगी स्कूल जाकर हमारे पूर्वजों के बनाए गए उसूलों को तुम क्यों तोड़ना चाहती हो, दुलारी मन मसोसकर रह जाती। समय गुजरता गया ओर वह चौदह वर्ष की हो गई। इस बीच उसके पिता का निधन भी हो गया और दुलारी को पारिवारिक बोझ घटाने के लिए 30 रुपये रोज की मजदूरी पर खेतों में काम करना पड़ा। तब भी जब वह बच्चों की रैलियां देखती तो पढ़ने के लिए उसका मन मचल उठता। संयोग से जनक लाल सादा, जो उत्थान केंद्र के शिक्षक स्वयंसेवक हैं, उन्होंने दुलारी का नामांकन उत्प्रेरण केंद्र में करा दिया। दुलारी अब अनपढ़ नहीं है। गणित में साधारण घटाव के अलावा भाषा में साधारण शब्दों की पहचान कर लेती है। जब घर जाती है तो मिलने वाले लोग एवं रिश्तेदारों को गुडमार्निंग कहती है। जब वे उसका मुंह देखने लगते हैं तो वह बड़े शान से कहती है कि मुसहर लड़की हुई तो क्या अब मैं भी अंग्रेजी बोल सकती हूं, थैंक्यू।

आप लोग हमारी बेटी को बहला-फुसला कर लाई है, हम मुसलमान हैं और हमारा पहला धर्म है उर्दू पढ़ना-सीखना। यह कहते हुए मोहम्मद अशरफअली ने अपनी बेटी अफसाना को कस्तूरबा गांधी बालिका विद्यालय से ले जाना चाहा किंतु अफसाना जाने को तैयार नहीं है। तब उसके अब्बा ने वही हंगामा खड़ा कर दिया। स्थानीय साधनसेवी अशोक जी व वार्डेन सलमा के समझाने पर वे शांत तो हुए किंतु अभी भी उन्होंने अपनी बेटी को माफ नहीं किया। दरअसल सात संतानों में सबसे छोटी अफसाना के अब्बा जो मस्जिद में झाडू लगाकर जीवनयापन करते हैं, लड़कियों को शिक्षा के प्रति रुढ़िवादी विचार रखते हैं।

अफसाना ने उनकी मर्जी के खिलाफ कस्तूरबा गांधी बालिका विद्यालय में नामांकन कराया। भरंदुआ के मोहम्मद असगर अली की बेटी की बगावत पर पूरे चेनारी प्रखंड को कस्तूरबा गांधी बालिका विद्यालय के प्रति जागरुक बना दिया है तथा अल्पसंख्यक समुदाय की कई अनपढ़ं लड़कियों को कस्तूरबा गांधी बालिका विद्यालय से जोड़ दिया है।

मथुरापुर कहतरवा पंचायत प्रखंड शिवहर में एक छोटी सी मुस्लिम बस्ती है। इस समुदाय की बच्चियों का वर्ग तीन के बाद पढ़ पाना मुश्किल था। जैनब खानम के साथ भी यही हुआ। मोहम्मद मंसूर खान एवं फूल बीबी की 10 संतानों में सबसे बड़ी जैनब वर्ग 3 तक ही पढ़ पायी। पर्दा प्रथा के कारण पढ़ाई के महत्व को नकार दिया गया। जैनब 5 साल तक तो पढ़ाई से दूर रही, लेकिन जब गांव के दूसरे मुहगे में जगजगी केंद्र खुला

तो वह वहीं जाने के लिए जिद करने लगी। मार खाकर भी जिद्द पर अड़ी रही। अंततः मां की ममता पिघली और पढ़ने की इजाजत मिली, लेकिन जैनब की पढ़ने की इच्छा केंद्र तक ही सीमित नहीं रही। वह महिला शिक्षण केंद्र सीतामढ़ी में पढ़ने पहुंची, फिर इंटर महिला महाविद्यालय जनकपुर रोड पुपरी से इंटर पास किया। आज वह बीए में पढ़ रही है। साथ ही साथ महिला शिक्षण केंद्र में बतौर शिक्षक लड़कियों को शिक्षित करने का काम भी कर रही है। वह कराटे में ब्लू बेल्ट प्राप्त कर चुकी है। जैनब के 94 वर्षीय दादा मोहम्मद अब्दुल रहमान खान को उस पर गर्व है और अल्लाह से जैनब के लिए उम्र की दुआ मांगते हैं।

प्रभासाक्षी वेबसाइट पर **आश्वस्त बिहार का सकारात्मक जनादेश शीर्षक** से लिखे अपने लेख में बालेन्दु दाधीच लिखते हैं कि, विधानसभा चुनाव नतीजों में जद (यू)-भाजपा गठजोड़ को भारी बहुमत देकर बिहार ने संकेत दे दिया है कि पारंपरिक धारणाओं के विपरीत वह जातिवाद से ऊपर उठकर फैसला करने में सक्षम है। मीडिया के सर्वेक्षणों ने लगभग आम राय से संकेत दिया था कि नीतीश कुमार फिर से सत्ता में लौटने जा रहे हैं। जमीनी स्तर पर भी माहौल यही कह रहा था। लेकिन ऐसी कल्पना खुद नीतीश और भाजपा सहित किसी ने भी नहीं की थी कि राज्य की जनता इस किस्म का प्रचंड जनादेश देने जा रही है। बिहार की जनता ने नकारात्मक मुद्दों को नकार दिया और विकास के हक में वोट डाला। उसने विकास की मौजूदा प्रक्रिया को जारी रखने के लिए ठप्पा लगाया और जाहिर कर दिया कि वह सत्ता में बदलाव कर पिछले पांच साल में किए गए कामकाज को पटरी से नहीं उतारने का जोखिम मोल नहीं लेगी। जद (यू)-भाजपा गठबंधन ने पिछली बार बेहद विषम हालात में सत्ता की बागडोर संभाली थी। लेकिन नीतीश कुमार प्रचार और श्रेय की फिक्र किए बिना चुपचाप पिछली सरकारों द्वारा जमा किया गया पिछड़ापन, भ्रष्टाचार और बदइंतजामी का मलबा हटाने में लग गए। यह ऐसा राज्य था जहां सत्ता के ज्यादातर स्तंभों को जंग लग चुका था, जहां धन-बल, बाहुबल और राजनैतिक दबाव के बिना पत्थर भी नहीं हिलता और जहां राजनीति तथा अपराध के बीच की विभाजन रेखा पतली पड़ते-पड़ते लगभग अदृश्य हो चली थी। ऐसे राज्य में, पहली बार सत्ता संभालने वाले मुख्यमंत्री के हौसले भले ही कितने भी बुलंद हों, उनके लिए धारा के विपरीत आगे बढ़ना निस्संदेह बेहद मुश्किल रहा होगा। बहरहाल, नीतीश, सुशील मोदी नेतृत्व ने विवादों से दूर रहते हुए एक सार्थक तथा शालीन कार्यकाल पूरा किया। आज का बिहार अपनी दुर्दशा पर विवश और शर्मिंदा महसूस करने वाला पांच साल पहले का बिहार नहीं है। वह भविष्य की ओर उत्साह, उम्मीद और विश्वास के साथ देखने वाला बिहार है।

बिहार में नीतीश का कामकाज बोल रहा है। भारत के सर्वाधिक पिछड़े राज्य को रातोंरात विकसित बना देना तो संभव नहीं है लेकिन स्वतंत्र संगठनों के सर्वेक्षणों और पुरस्कारों से जाहिर है कि तस्वीर बदल रही है। नीतीश कुमार का 2015 तक उसे विकसित राज्यों की कतार में खड़ा करने का वायदा अब अविश्वसनीय नहीं लगता। उन्हें

इकनामिक टाइम्स बिजनेस रिफॉर्मर ऑफ द इयर अवार्ड मिलना इस बात की निशानदेही करता है कि वहां घटनाक्रम सकारात्मक दिशा में आगे बढ़ रहा है। जिस राज्य में शाम सात बजे के बाद सड़कों पर सन्नाटा पसर जाता था वहां अब रात को भी लोग बेफिक्र होकर घर से बाहर निकलने लगे हैं तो यह कोई कम चमत्कार नहीं है। खुद कांग्रेस ने चुनाव नतीजों का श्रेय नीतीश कुमार को देते हुए माना है कि वहां कानून व्यवस्था की हालत सचमुच सुधरी है। अरसे के बाद बिहार में कोई चुनाव हुआ जिसमें जातिवाद और सांप्रदायिकता से जुड़े नारे नहीं लगे। सरकारों पर हमेशा लगाए जाने वाले भ्रष्टाचार के आरोप इस बार नहीं लगे। कांग्रेस और राजद ने बदइंतजामी और केंद्रीय धन का पर्याप्त इस्तेमाल न होने जैसे आरोप जरूर लगाए लेकिन राज्य जिस किस्म की आग उगलने वाली चुनावी बहसों के लिए जाना जाता है, वह नदारद थी। प्रचार अभियान के दौरान बात हुई तो विकास की, धर्मनिरपेक्षता की, आम आदमी की सुरक्षा की। नए जमाने का बिहार सार्थक और सकारात्मक चीजों पर बात कर रहा है। चुनावी हिंसा और धांधली को ही लीजिए। इस बार चुनावी हिंसा या तो हुई ही नहीं या फिर सिर्फ माओवादियों के हाथों हुई। इसके लिए चुनाव आयोग की तैयारियों और सतर्कता के साथ-साथ बदले हुए जमीनी माहौल को भी श्रेय दिया जाएगा। यह एक सकारात्मक जनादेश है, जिसने चुनावी गणित के पंडितों से लेकर जातिवादी राजनीति के पुरोधाओं को भी हैरत में डाल दिया है। किसी जाति या धर्म के मतदाता इस बार किस ओर मुड़े इसका विश्लेषण और खोजबीन तो लंबे अरसे तक जारी रहेगा, लेकिन जिस बात पर यकीन करने को दिल चाहता है, वह यह है कि दशकों से जातिवादी राजनीति का अखाड़ा बना रहा बिहार अब अपनी सोच बदल रहा है। वह भागलपुर के दंगों से लेकर मंडल आंदोलन की भूमि है जहां की राजनीति, प्रशासन, पुलिस बल और समाज तक में जातिवाद का तत्व रचा-बसा है। अगर बिहार का मतदाता सचमुच इन आग्रहों से ऊपर उठ गया है तो उसकी स्तुति की जानी चाहिए क्योंकि हमारा मतदाता जिस दिन जाति और मजहब से ऊपर उठ जाएगा, उस दिन वह विकास की कोशिश करने वाली हुकूमतों का काम बहुत आसान कर देगा। राष्ट्रीय जनता दल, लोक जनशक्ति पार्टी और कांग्रेस के मतों के विभाजन ने भी जनादेश को यकीनन प्रभावित किया है। संभव है, पिछड़ों, दलितों और मुसलमानों के वोट बंटे हों, लेकिन इस बात की भी खासी संभावना नजर आ रही है कि इन वोटों का एक बड़ा हिस्सा सत्तारूढ़ गठबंधन के हक में मुड़ गया हो। नीतीश कुमार भले ही 'एकला चलो रे' की तर्ज पर चुपचाप कामकाज में जुटे हों लेकिन लगातार दो चुनावों में जीत हासिल कर वे सिद्ध कर चुके हैं कि वे चुनावी राजनीति के कच्चे खिलाड़ी नहीं हैं। भारतीय जनता पार्टी को साथ रखते हुए भी मुसलमानों को आश्वस्त करते हुए अपने साथ जोड़े रखना कोई छोटी बात नहीं है। सत्तारूढ़ गठबंधन में वरिष्ठ दल के सर्वेसर्वा होने के बावजूद उन्होंने अपने कनिष्ठ सहयोगी (भाजपा) को पूरा सम्मान दिया। लेकिन साथ ही साथ राज्य को सांप्रदायिकता और जातिवाद की राजनीति से मुक्त करने का एजेंडा आगे बढ़ाते रहे। लेकिन जब-जब किसी समुदाय या संप्रदाय को असुरक्षा महसूस

हुई, उन्होंने कठोर और निर्णायक फैसले लेने में भी हिचक नहीं दिखाई। नरेंद्र मोदी द्वारा चुनाव प्रचार किए जाने संबंधी विवाद ऐसा ही एक मौका था।

एक काम करने वाले मुख्यमंत्री के लिए यह एक आदर्श जनादेश है। अब वे राजनैतिक चुनौतियों से निश्चिंत रहते हुए अपना काम आगे बढ़ा सकते हैं। उनके सामने अगर कोई चुनौती होगी तो वह होगी इतने बड़े जनादेश पर खरा उतरने की। यह परिणाम उन विशालकाय उम्मीदों को जाहिर करता है जो जनता ने उनसे लगाई हैं। चुनाव नतीजों ने उनकी पार्टी या विधानसभा के भीतर किसी भी किस्म की समस्या उभरने के आसार भी खत्म कर दिए हैं। अगर पहले से अधिक मजबूत होकर उभरी भाजपा में अचानक कोई महत्वाकांक्षा फूट पड़े तो अलग बात है, अन्यथा नीतीश अपना सकारात्मक एजेंडा आगे बढ़ाने के लिए पूरी तरह स्वतंत्र हैं। इस जनादेश की बदौलत वे राष्ट्रीय स्तर पर भी मजबूत होने जा रहे हैं। नीतीश ने भी बदलाव के मर्म और बढ़ते दायित्व को समझा है। चुनाव के बाद उन्होंने अपनी पहली प्रेस कांफ्रेंस में बहुत सकारात्मक बात कही है- 'पहले दौड़ इस बात की थी कि कौन इलेक्शन बेहतर मैनेज करता है। अब दौड़ इस बात की होनी चाहिए कि कौन ज्यादा काम करेगा।'

प्रभासाक्षी वेबसाइट पर ही अपने दूसरे लेख **राजनैतिक पराक्रम है सामाजिक क्रांति नहीं** में **बालेन्दु शर्मा दाधीच** लिखते हैं कि चुनाव नतीजों के आधार पर इस बात पर यकीन करने का 'दिल चाहता है' कि बिहार जाति और मजहब के बंधनों से ऊपर उठ गया है, क्योंकि जिस दिन देश इन संकीर्णताओं से मुक्त हो जाएगा उस दिन तरक्की के लिए काम करने वाली सरकारों का काम काफी आसान हो जाएगा। अजब विडंबना है कि 'जाति विहीन समाज' पर सबसे मुखर बहस करने वाला बिहार ही जातिवाद को सबसे ज्यादा सहेज कर रखे हुए है। वहां किसी एक विधानसभा चुनाव से इस किस्म का युगांतरकारी परिवर्तन हो जाए इस बात पर आसानी से विश्वास नहीं होता। ताजा विधानसभा चुनाव के वोटों का ब्यौरा आ गया है। वोटों के प्रतिशत और पैटर्न संबंधी आंकड़ों से जाहिर है कि यह राज्य अकर्मण्य सरकारों को सत्ता में लाने की मजबूरी से तो मुक्त हो गया है लेकिन जातियों के बंधनों से मुक्त होने जैसी सामाजिक क्रांति घटित होने में अभी समय लगेगा। सन 2005 के विधानसभा चुनावों की तुलना में गठबंधन के वोट लगभग तीन फीसदी बढ़े हैं। राजनैतिक लिहाज से यह बहुत महत्वपूर्ण है लेकिन सामाजिक स्तर पर किसी क्रांतिकारी परिघटना का संकेत नहीं देता। तीन फीसदी वोटों के इधर से उधर होने से सरकारें तो बदल सकती हैं, समाज नहीं बदल सकता।

इस बात में कोई संदेह नहीं कि सत्तारूढ़ गठबंधन का बिहार के सभी वर्गों और जातियों में प्रभाव बढ़ा है, लेकिन आंकड़े बताते हैं कि इस प्रसार का दायरा उतना व्यापक नहीं है, जैसा कि चुनाव नतीजों से आभास होता है। वोटों का यह प्रतिशत अगर उलट जाता (सत्तारूढ़ गठबंधन के पक्ष में 61 और विपक्ष के पक्ष में 39 फीसदी) तो जरूर सामाजिक क्रांति महसूस होती। हालांकि इन आंकड़ों से नीतीश कुमार सरकार को मिले

जबरदस्त जन समर्थन का महत्व कम नहीं होता, लेकिन इसे सामाजिक की बजाए अभूतपूर्व राजनैतिक सफलता मानना संभवत: ज्यादा सटीक होगा।

तो क्या लोगों ने जाति, संप्रदाय और मजहब की दीवारों से ऊपर उठकर वोट नहीं डाले? डाले हैं, जैसा कि मुसलमानों के वोटों के पैटर्न से संकेत मिलता है जिन्होंने लालू-पासवान और कांग्रेस के साथ-साथ जनता दल (यूनाइटेड) और भाजपा को भी वोट देने में परहेज नहीं किया। इसी तरह दलितों के वोटों का भी विभाजन हुआ है। लेकिन यह विचलन तीन फीसदी का ही है। पिछले चुनाव में जद-यू को 20.46 फीसदी वोट मिले थे जबकि इस बार वे लगभग दो फीसदी ज्यादा 22.43 फीसदी रहे । इसी तरह भाजपा को पिछली बार के 15.65 फीसदी वोटों की तुलना में इस बार 16.36 फीसदी लोगों का समर्थन मिला जो कि लगभग एक फीसदी ज्यादा है। एक और दो फीसदी की यह वृद्धि इतने चमत्कारिक चुनाव नतीजों में बदली तो इसके कारण कम महत्वपूर्ण नहीं रहे होंगे।

सत्तारूढ़ गठबंधन को सबसे बड़ा लाभ हुआ दो प्रमुख विपक्षी दलों के वोटों के बंटवारे से। राष्ट्रीय जनता दल और लोक जनशक्ति पार्टी के वोटों में लगभग पांच-पांच फीसदी की गिरावट आई। दस फीसदी वोटों के इस हस्तांतरण ने राजनैतिक नक्शा ही बदल दिया। हालांकि तीसरी विपक्षी पार्टी कांग्रेस को पिछले चुनाव की तुलना में लगभग ढाई फीसदी वोटों का फायदा हुआ है लेकिन राज्य में पुर्नजीवित होने के लिए उसे कम से कम दस फीसदी अतिरिक्त वोट हासिल करने थे। राजद और लोजपा के दस फीसदी वोटों में से तीन फीसदी तो सत्तारूढ़ गठबंधन के खाते में चले गए मगर बाकी का क्या हुआ? स्वाभाविक है, उनमें से कुछ कांग्रेस को भी मिले। अलबत्ता, इनका सबसे ज्यादा लाभ मिला छोटी पार्टियों और निर्दलीय उम्मीदवारों को जो सत्ताईस फीसदी वोट ले गए। वास्तव में सबसे ज्यादा चुनावी लाभ (चार फीसदी) उन्हें ही हुआ है। चूंकि इनमें से बहुत सारे बाहुबली, ढेरों जातिवादी और स्थानीय प्रभाव वाले उम्मीदवार हैं इसलिए उन्हें अतिरिक्त वोट मिलना इस खुशफहमी के खिलाफ जाता है कि मतदाताओं ने जाति, संप्रदाय आदि से ऊपर उठकर वोट डाला है। यह तो सरकार के हक में सकारात्मक मतदान और प्रमुख विपक्षी दलों के विरुद्ध नकारात्मक मतदान लगता है।

मुख्यमंत्री नीतीश कुमार अल्पसंख्यकों के हित में शुरू की गई कुछ योजनाओं के जरिए पसमांदा मुसलमानों को, जो अपेक्षाकृत गरीब और पिछड़े मुसलमान हैं, अपने हक में मोड़ने में कामयाब रहे लगते हैं। राज्य की जनसंख्या में कुल 18 फीसदी मुसलमान हैं और उनमें लगभग छह-सात फीसदी संख्या पसमांदा मुसलमानों की है। इसी तरह दलितों और पिछड़ों के भीतर भी 'महादलित' और 'अति-पिछड़ों' को अलग पहचान देने के उनके कदम ने भी दोनों प्रमुख विपक्षी दलों के वोट बैंक को प्रभावित किया है। लेकिन चुनाव नतीजों पर विकास का भी प्रत्यक्ष असर है।

इस बार का चुनाव अभियान विकास और गवर्नेंस के मुद्दे के इर्द-गिर्द लड़ा गया जो बिहार के लिहाज से सुखद बदलाव का प्रतीक है। विकास और गवर्नेंस का असर

राज्य में प्रत्यक्ष दिख रहा है और इसी की वजह से इस बार उन तबकों के लोग भी वोट डालने के लिए प्रेरित हुए जो पहले उससे दूर रहते थे या जबरन दूर रखे जाते थे। महिलाओं और अति पिछड़ों को इस श्रेणी में लिया जा सकता है। मुख्यमंत्री नीतीश कुमार की अच्छी छवि और बेहतरीन कामकाज से प्रभावित ऐसे लोग भी वोट डालने के लिए बिहार लौटे जो दूसरे राज्यों में रहते हैं। जाहिर है, इन श्रेणियों के वोट सत्तारूढ़ गठबंधन को ही ज्यादा मिले होंगे। चुनावी धांधली पर अंकुश लगाए जाने के कारण बाहुबली, धनबली और राजनेता वोटिंग को प्रभावित नहीं कर पाए, वह भी परिणामों को प्रभावित करने वाला अहम कारक था। विकास, सुरक्षा और गवर्नेंस न होती तो ऐसा नहीं हो सकता था।

जातिवाद के प्रति वितृष्णा फिलहाल वैसी नहीं है जो बिहार की तस्वीर बदल कर रख दे। हां, राज्य उसी दिशा में आगे बढ़ रहा है क्योंकि विकास पिछड़ेपन का व्युत्क्रमानुपाती होता है। वहां शिक्षा, सुरक्षा, रोजगार, उद्योग आदि की स्थिति लगातार बेहतर हो रही है। यह सिलसिला जितना आगे बढ़ेगा, जातिवाद और मजहबवाद जैसी संकीर्ण प्रवृत्तियां घटती चली जाएंगी। उम्मीद की जानी चाहिए कि वह प्रक्रिया तेज हो। शायद भविष्य के चुनावों में हमारी वोटिंग मशीनें उस किस्म की 'मौन सामाजिक क्रांति' पर ठप्पा लगाएं।

बदलता बिहार

बिहार बदल रहा है और पूरी तेजी के साथ बदल रहा है। इसका प्रमाण यह है कि देश-दुनिया में प्रसिद्ध अर्थशास्त्री, समाजविज्ञानी बिहार को अब अलग नजरिए से देखते हैं। प्रसिद्ध अर्थशास्त्री स्वामीनाथन एस. अंकलेश्वरैया अय्यर बिहार के आर्थिक विकास के बारे में लिखते हैं कि आंकड़े प्रदर्शित करते हैं कि कृषि के क्षेत्र में साल दर साल काफी प्रगति हुई है। इसके कारण बिहार की औसत विकास दर पिछले पांच साल में 11 प्रतिशत रही है। जबकि पिछले छह वर्षों में यह 8.3 प्रतिशत रही। हम कह सकते हैं कि बिहार 8 से 11 प्रतिशत की दर से विकास कर रहा है, जो चमत्कारिक है। दूसरी अहम बात यह है कि अब राजनीतिक नेता राज्य घरेलू उत्पाद में हेराफेरी में रुचि नहीं रखते हैं। कोई राजनेता छह प्रतिशत की तुलना में 11 प्रतिशत विकास दर हासिल करने का दावा कर एक चुनाव भी नहीं जीत सकता, क्योंकि ऐसी आंकड़ेबाजी वोटरों के सिर के ऊपर से गुजर जाएगी।

बिहार के नेता आंकड़ों में हेराफेरी और उसके बाद प्रेस कान्फ्रेंस कर रिकार्ड विकास की घोषणा नहीं करते हैं। वस्तुत: मैं पहला व्यक्ति था, जिसने सी.एफ.ओ. डाटा बैंक से 11 प्रतिशत विकास दर की स्टोरी हासिल की और बिहार के राजनीतिज्ञ इसके बारे में जान कर आश्चर्यचकित हुए। जब नीतीश कुमार को इसकी जानकारी दी गई तो उन्होंने कहा कि यदि स्वामीनॉमिक्स ऐसा कहता है, तो यह जरुर सत्य होगा। तीसरा यदि आप राज्य के सकल घरेलू उत्पाद के आंकड़ों में कुछ जोड़ते हैं तो भी उसका कुल राष्ट्रीय सकल घरेलू उत्पाद से काफी नीचे होगा। इसलिए राज्य गलत भी करता है तो वह लोअर साइड में होगा न कि हाई साइड में। चौथा न केवल बिहार बल्कि कई राज्यों ने पिछले पांच वर्षों में अच्छा विकास दिखाया है। इसका तारतम्य 2004-05 में राष्ट्रीय सकल घरेलू उत्पाद में आई उछाल के साथ बैठता है, इसलिए राज्यों के आंकड़ें सत्य प्रतीत होते हैं। पांचवां अधिकतर राज्य सरकारें अक्सर यह दिखाना चाहती हैं कि वे तंगहाली में है और उन्हें केंद्र सरकार से अतिरिक्त राशि की दरकार है। 70 के दशक में मैंने पाया था कि कुछ समय के लिए कश्मीर देश में सबसे तेज गति से विकास करने वाला राज्य था। मैं इसकी वजह जानने परखने के लिए श्रीनगर गया। मैं उस समय आश्चर्यचकित रह गया जब वहां के अधिकारी राजनीतिज्ञ मेरे सवाल पर भयभीत नजर

आये। वे अपनी गरीबी का रोना रोते रहे और केंद्र से अधिक आर्थिक मदद की जरुरत बतायी। उन्होंने मुझे अपने शत्रु के रूप में देखा।

इस कारणों से मैं विश्वास करता हूं कि बिहार में आर्थिक विकास वास्तविक है, यह आंकड़ों में हेराफेरी नहीं है। बिहार की एक बार यात्रा करने पर इस संबंध में पर्याप्त साक्ष्य मिल जायेंगे। पिछली सरकार के कार्यकाल में कोई घर बनाने या कार खरीदने का जल्दी साहस नहीं करता था, यदि वह ऐसा करता था, तो उसे तुरंत रंगदारी देने के लिए पत्र थमा दिया जाता था। लेकिन आज भवन निर्माण और कार बिक्री में जबरदस्त उछाल आया है। पिछली सरकार में सार्वजनिक रुप से बंदूकों का प्रदर्शन आम बात थी, लेकिन आज कोई बंदूकधारी दिखाई नहीं देता। नीतीश प्रशासन ने आर्म्स एक्ट के उल्लंघन के जुर्म में 38 हजार लोगों को सजा दी है। जिनमें उनकी पार्टी के कुछ नेताओं समेत दर्जनों राजनीतिज्ञ शामिल हैं। पहले भय का वातावरण था। अब शांति व विश्वास की स्थिति है। सुरक्षा के कारण छोटे व्यवसायियों व व्यापारियों की गतिविधियों में काफी वृद्धि हुई है। महिलाएं कहती हैं कि उन्हें सड़कों पर घूमने में कोई भय नहीं है। भारतीय एयरटेल के प्रमुख सुनील भारती मित्तल कहते हैं कि टॉकटाइम के मामले में बिहार तेजी से विकास कर रहा है। इस आर्थिक चमत्कार का मुख्य कारण निर्माण में आयी उछाल है। इस क्षेत्र में पिछले पांच वर्षों के दौरान 47 प्रतिशत सालाना की दर से विकास हुआ है। राज्य सरकार का विकास खर्च दो हजार करोड़ रुपये से बढ़कर 16 हजार करोड़ रुपये सालाना तक पहुंच गया है। अय्यर की टिप्पणी कई मायने में बिहार के लिए काफी सुखद कही जा सकती है क्योंकि उन्होंने जिस तरह से विश्लेषण किया है उसका पूरा अर्थ यही है कि अगर बिहार में नीतीश का शासनकाल पिछले बार की तरह रहा तो बिहार आर्थिक ही नहीं बल्कि हर क्षेत्र में प्रगति कर जाएगा।

राज्य में निवेश का वातावरण पूर्णतया बदल गया है। निवेशकों को सहज ही राज्य में सुशासन, संवैधानिक दण्ड एवं रक्षा, नियम कानून का प्रभाव, मुख्य क्षेत्रों में निवेश का प्रभाव, राज्य योजना व्यय में आश्चर्यजनक वृद्धि, वार्षिक विकास दर में 24.33 प्रतिशत का इजाफा, पुनर्मूल्यांकन एवं योजना के अध्ययन के लिए नियमित स्वतंत्र निदेशालय की स्थापना, वर्ष 2011 के लिए योजना एटलस, आकर्षक औद्योगिक नीति-2006 तथा बिहार सिंगल विन्डो क्लियरेन्स अधिनियम-2006 जैसे मुद्दे काफी लुभा रहे हैं। बिहार के औद्योगिक क्षेत्रों में निवेश के लिए इस समय अत्यधिक आकर्षक सुअवसर हैं जैसे खाद्य प्रसंस्करण के क्षेत्रों में असीम सम्भावनाएं है क्योंकि बिहार सब्जियों के उत्पादन में देश में तीसरा स्थान तथा फलों के उत्पादन में देश में चौथा स्थान रखता है। इस क्षेत्र में निवेशकों को 10 करोड़ तक की लागत पर परियोज़ना व्यय का कुल 40 प्रतिशत अनुदान तथा 5 करोड़ तक परियोजना के लिए 35 प्रतिशत तक का अनुदान की व्यवस्था है। खाद्य पार्क लगाने हेतु अधिकतम 15 करोड़ की लागत पर परियोजनाओं पर 20 प्रतिशत तक का अनुदान दिया जाएगा।

विगत् पांच वर्षों में राज्य में स्वास्थ्य सुधार क्षेत्र लाने के लिए भी बहुत कुछ किया गया है। अभी स्वास्थ्य क्षेत्रों में निवेश की असीम सम्भावनाएं हैं। सभी आधारभूत संरचनाएं राज्य सरकार द्वारा विकसित की जा चुकी है। नौ जिलों में नया अस्पताल, 27 अनुमंडल में अस्पताल की स्थापना, 92 नए प्राथमिक चिकित्सा केन्द्र तथा 749 नए स्वास्थ्य सेवा केन्द्र की स्थापना प्रस्तावित है। राज्य में गन्ना एवं चीनी उद्योग में निवेश की काफी संभावनाएं हैं। बिहार में सर्वाधिक कृषि आधारित उद्योगों में चीनी उद्योग सर्वश्रेष्ठ है। बिहार में नए चीनी उद्योग स्थापित करने की असीम संभावनाएं है। राज्य में पर्यटन क्षेत्रों में निवेश के लिए विश्व स्तरीय, ऐतिहासिक एवं प्राकृतिक धरोहर सुलभ है। मानव संसाधन क्षेत्रों में निवेश की बहुत सारी सम्भावनाएं सुलभ हैं। बिहार में उर्जा उत्पादन के क्षेत्र में निवेशकों के लिए आर्कषक परिस्थिति एवं सुगम सुविधाएं उपलब्ध है।

राज्य की उद्योग मंत्री 'श्रीमती रेणु कुमारी' के मुताबिक बिहार के वर्तमान विकासात्मक माहौल को देख कर देश के नहीं बल्कि प्रवासी भारतीय निवेशक अत्यन्त ही आकर्षित हैं। बिहार में बदले वातावरण, विश्वसनीय सुशासन, दण्डित एवं रक्षात्मक कदम के लिए अपने संवैधानिक उत्तरदायित्वों का कुशल निर्वहन, कानून-व्यवस्था का उचित प्रबन्धन, अधिकाधिक मुख्य क्षेत्रों में निवेश का प्रभाव, राज्य सरकार के योजना व्यय में हुए आश्चर्यजनक वृद्धि, राज्य वार्षिक विकास दर में 24.33 प्रतिशत तक का इजाफा, पुनर्मूल्याकंन एवं परियोजना के नियमित अध्ययन के लिए स्वतंत्र निदेशालय की स्थापना, वर्ष 2011 के लिए पारदर्शी योजना, आकर्षक औद्योगिक प्रोत्साहन नियमावली-2006 साथ ही निवेशकों के सुझाव के अनुरूप नियमावली को संशोधित करते हुए औद्योगिक प्रोत्साहन नियमावली का निकट भविष्य में नवीकरण भी किया जाना निर्धारित है।

उद्योग मंत्री के मुताबिक बिहार के विभिन्न क्षेत्रों में निवेश के लिए निवेशकों को दी जाने वाली आकर्षक सुविधाओं में स्वास्थ्य के क्षेत्र में सभी आधारभूत संसाधन की व्यवस्था पूरी कर ली गई है। जिसके तहत राज्य में इस क्षेत्र में निवेशकों का संतोषजनक प्रतिफल मिलना सुनिश्चित है। राज्य में निवेश की वातावरण को अनुकूल एवं सुगम बनाने हेतु अनेकों कदम उठाए गए हैं। आधारभूत संरचना के लिए द्रुतगामी कार्यान्वयन, कृषि रोजगार की संभावनाओं में वृद्धि, उत्तम कोटि के माल एवं सेवाएं, घरेलू, लघु कुटीर, मध्यम एवं बड़े औद्योगिक उत्पादनों का संतुलित एवं समुचित विकास के लिए कदम उठाए गए हैं। राज्य सरकार ने खाद्य प्रसंस्करण को सर्वाधिक महत्व देते हुए, जूट, हस्तकरघा, रेशम एवं अन्य सूक्ष्म लोक उपक्रम के क्षेत्रों में अनेक योजनाएं शुरू की हैं।

उर्जा उत्पादन क्षेत्रों में निवेश की आवश्यकता की पूर्ति के बारे में उद्योग मंत्री का कहना है कि राज्य में साल में कम से कम दस महीने सूर्य का ताप सुलभ होता है फलस्वरूप सौर उर्जा के उत्पादन की असीम सम्भावनाएं मौजूद हैं। सौर उर्जा के तहत सोलर फोटो बोल्टेक का निर्माण एवं बायोमास से उर्जा उत्पादन की असीम सम्भावाना है। महिलाओं के सशक्तीकरण के लिए बिहार सरकार ने कई नई योजनाओं और

कार्यक्रमों का शुभारंभ किया है, जो आज राज्य के विकास में मील का पत्थर साबित हो रहे हैं। ऐसी योजनाओं में मुख्यमंत्री बालिका साइकिल योजना, बिहार दर्शन योजना, मुख्यमंत्री खेल विकास योजना, मुख्यमंत्री नि:सशक्तजन शिक्षा योजना, मुख्यमंत्री कन्या विवाह योजना, मुख्यमंत्री अल्पसंख्यक विद्यार्थी प्रोत्साहन योजना, मुख्यमंत्री श्रम शक्ति योजना, मुख्यमंत्री अनुसूचित जाति मेधावृति योजना सहित तालिमी मरकज और हुनर योजनाएं प्रमुख है। इसके अलावा महादलित समाज के शैक्षिक विकास और उत्थान हेतु कस्तूरबा गांधी आवासीय विद्यालयों के सही संचालन के साथ राज्य में चालीस लाख निरक्षर महिलाओं को अपने संसाधनों के बूते मुख्यमंत्री अक्षर आंचल योजना चलाने का श्रेय भी प्राप्त है। बिहार ऐसा राज्य है, जहां केंद्र प्रायोजित योजनाओं सहित महिलाओं के लिए अलग से जेंडर बजट का प्रावधान किया गया है।

इसके साथ ही स्कूल से बाहर रहने वाले विद्यार्थियों को स्कूल से जोड़ने के लिए भी मुस्तैदी के साथ अमल किया जा रहा है। महिला सशक्तिकरण के लिए जहां पंचायतों में 50 प्रतिशत आरक्षण का प्रावधान किया गया है, वहीं वर्ष 2010-11 में बनाए गए जेंडर बजट में 13 विभागों को इससे जोड़ा गया है। बिहार बदल रहा है। राज्य में अपराध की घटनाएं कम हुई है। यह केवल आंकड़ों की बात नहीं है बल्कि बिहार की जनता ही इस बात को कह रही है कि अब बिहार बदल रहा है। वहां अपराध पहले की तुलना में कम ही नहीं बल्कि नहीं के बराबर है। रोहतास जिले के शंकरपुर गांव के रहने वाले राकेश मिश्रा बताते हैं कि बिहार से ज्यादा अपराध तो अब दिल्ली और राष्ट्रीय राजधानी क्षेत्र में हो रहे हैं। केवल बिहार को बदनाम किया जा रहा है। कल तक जहां अपराधी बेखौफ होकर घूमते थे आज वह नजर नहीं आ रहे हैं। मिश्रा बताते हैं कि पहले शाम होते ही गांव की सड़कें सूनी हो जाती थी। आसपास के बाजार बंद हो जाते थे वहीं अब देर रात तक काम करके लोग गांव भी लौट आते हैं। आखिर ऐसे कौन से कारण हैं कि बिहार में अपराधियों की जो पौ बारह हुआ करती थी। वह अब खत्म होती जा रही है। मिश्रा की तरह कई अन्य लोगों का कहना है कि राज्य में अपराध के खत्म होने से अब लोग काम के बारे में सोचते हैं। स्वयं मुख्यमंत्री नीतीश कुमार अपने ब्लॉग पर लिखते हैं कि,

पिछले विधानसभा के दौरान बिहार की जनता से मैंने एक वादा किया था कि मैं राज्य में कानून के शासन को पुन: बहाल करुंगा। ये कतई आसान न था। मुझे इस प्रयास में उस मिथक को तोड़ना था कि बिहार में अपराध नियंत्रण किसी के वश में नहीं है। मैं इसके लिए कृतसंकल्प था, किन्तु मुझे इस बात का ख्याल रखना था कि हमें इस उद्देश्य की प्राप्ति कानून के दायरे में ही करनी थी। विगत में देश के विभिन्न भागों से आयी खबरों के कारण मुझे इस बात का इल्म था क्रि कानून व्यवस्था के नियंत्रण के नाम पर अक्सर मानवाधिकारों का उल्लंघन होता है। इसलिए मुझे यह सुनिश्चित करना था कि हमारी लक्ष्य प्राप्ति की दिशा में इस प्रकार की चूक न हो। अपराध नियंत्रण के संदर्भ में सर्वप्रथम मेरा ध्यान आर्म्स एक्ट के अंतर्गत दायर किए गए उन हजारों मामलों की तरफ गया जो

वर्षों से लंबित थे। आर्म्स एक्ट के अंतर्गत तीन साल तक की सजा का प्रावधान है और इन मामलों में मुख्यत: राज्य के पुलिसकर्मी ही गवाह होते हैं। मैंने महसूस किया कि इन केसों का शीघ्र निष्पादन संभव है, अगर उनसे जुड़े गवाहों की उपस्थिति न्यायालयों में सुनिश्चित की जाए। हमारी सरकार ने तत्पश्चात बिहार पुलिस मुख्यालय में एक विशेष कोषांग की स्थापना ऐसे ही सारे मामलों के निष्पादन एवं इनसे जुड़े गवाहों को न्यायालयों में उपस्थित कराने के लिए की। जिससे कानून तोड़ने वालों को समुचित सजा मिल सके। मैंने अधिकारियों को निर्देश दिया कि इन गवाहों को उपस्थित कराने के लिए वे यथासंभव न्यायालय से एक से अधिक तिथि की मांग न करें। मेरा ऐसा मानना है कि न्याय करना न्यायालय का कार्य है, किंतु सरकार का यह दायित्व है कि वह त्वरित न्याय के हेतु समुचित व्यवस्था करे। इस दिशा में हमारी सरकार ने न्यायालयों ऐसे कई गवाहों की उपस्थित भी सुनिश्चित कराई जो झारखंड राज्य की स्थापना के बाद वहां चले गए थे। हमारे इन प्रयासों का जल्द असर हुआ और आर्म्स एक्ट के हजारों मामलों का निष्पादन त्वरित गति से हुआ। इस संदर्भ में मैं अपना पराया भूल गया। इस बात से शीघ्र ही सभी अवगत हो गए कि कानून अपना काम करने लगा है। अपराधियों के बीच जुर्म करने के बाद कानून की पहुंच से दूर बने रहने का गुमान खत्म होता दिखने लगा।

इन प्रयासों से आम लोगों में एक संदेश गया और उनमें सरकार के प्रति विश्वास जागृत हुई। उन्हें यह अहसास हुआ कि अब कानून तोड़ कर सजा से बचना किसी के लिए संभव न हो। तत्पश्चात राज्य के विभिन्न क्षेत्रों में बहुत ऐसे लोग, जो किसी न किसी पुराने मामलों में सजा दिलाने के लिए न्यायालयों में उपस्थित होना चाहते थे। अब खासे भयमुक्त होकर आगे आने लगे। इससे कानून तोड़ने वालों को भी समझ में आ गया कि हमारी सरकार अपराध नियंत्रण हेतु कितनी सजग है। जिन्हें अपनी काले शीशे चढ़े वाहनों की खिड़कियों से बंदूकें दिखाने का शौक था या फिर उन्हें जिन्हें शादी-विवाह के अवसर पर शामियाने में अपनी गैर लाइसेंसी हथियार से गोली दागकर शक्ति प्रदर्शन की अभिरूचि थी, उन्हें भी यह समझने में ज्यादा वक्त नहीं लगा। सन 2006 में मैंने लंबित मामलों के त्वरित निष्पादन हेतु एक मीटिंग आयोजित की, जिसमें पटना उच्च न्यायालय के मुख्य न्यायाधीश और अन्य न्यायाधीशों के अलावा सभी जिलाधीश, पुलिस अधीक्षक और लोक अभियोजक शामिल हुए। मेरी जानकारी में भारत में ये अपने प्रकार की पहली पहल थी। हमने एक एक्शन प्लान के तहत हजारों लंबित मामलों की सुनवाई के लिए स्पीड ट्रायल की व्यवस्था की, जिसके कारण हजारों मुजरिमों को सजा मिली। कई मामलों की सुनवाई जेल प्रांगण में भी शुरू की गई। इन मामलों में त्वरित कार्यवाही से अपराधियों में कानून के प्रति भय हुआ। मैंने तो बस यह संदेश दिया था कि हमारी सरकार अपराध नियंत्रण की दिशा में किसी तरह की कोताही बर्दाश्त नहीं करेगी। इस संदर्भ में माननीय न्यायालयों एवं न्यायिक प्रक्रिया से संबंद्ध की घटना नहीं हुई है।

हमने प्रत्येक जिलाधिकारियों एवं पुलिस अधीक्षकों को स्पष्ट निर्देश दिया हुआ है कि समाज में शांति एवं सद्भाव बरकरार करना उनकी व्यक्तिगत जिम्मेदारी है। जब हमने

बिहार में शासन की कमान संभाली तो हमनें महसूस किया कि हमारे थानों में संसाधन का नितांत अभाव है। अगर कोई नागरिक कोई शिकायत दर्ज कराने जाता था तो उससे कहा जाता था कि वह स्वयं कागज की व्यवस्था करे। हमारी सरकार ने थानों के रख-रखाव के लिए एक विशेष वार्षिक कोष का गठन किया। इन तमाम प्रयासों से हमें एक भयमुक्त समाज बनाने में मदद मिली। वर्षों बाद लोग देर-रात तक अपने परिवार के सदस्यों के साथ सड़क पर दिखने लगे। एक वक्त था, जब समाज में भय इस कदर व्याप्त था कि पटना के रेस्तरां में बमुश्किल एक या दो ग्राहक रात्रि में देखे जाते थे। अब आलम यह है कि लोग परिवार सहित नाईट शो देखने के लिए फिर से सिनेमा हॉल पहुंचने लगे है। मुझे यह कहने में लेशमात्र झिझक नहीं है कि परिवर्तन मूलत: अपराध पर नियंत्रण होने के कारण संभव हो पाया। इसका प्रभाव अन्य क्षेत्रों पर भी हुआ। मुझे आजकल अक्सर कहा जाता है कि पटना में एक फ्लैट की कीमत देश के अन्य विकसित शहरों की तुलना में अधिक है। ऐसा तब हुआ जब पिछले वर्ष की आर्थिक मंदी ने बाजार को हर जगह प्रभावित किया। हमारे शासम काल के पहले पंद्रह वर्षों में बिहार में व्यापार के क्षेत्र में विकास नहीं हुआ था। लोग अपनी संपत्ति को कम दामों में बेचकर राज्य छोड़कर अन्यत्र बसने लगे। बिहार में उस समय डिसट्रेल सेल के अनेक उदाहरण अभी भी मिल सकते हैं। आज के बदले माहौल में व्यापार और व्यवसाय जिस गति से बढ़ते दिख रहे हैं उससे मुझे विश्वास है कि निकट भविष्य में हमारी व्यवस्था खुद अपनी सचेतक व नियंत्रक की भूमिका का जिम्मेदारी पूर्वक निर्वाह कर सकेगी। विगत दिनों में गया में एक जापानी से दुष्कर्म का मामला सामने आया। जिस दिन मुझे इसकी जानकारी मिली मुझे उस रात नींद नहीं आयी। मैंने पुलिस अधिकारियों को निर्देश दिया कि अपराधियों के खिलाफ सख्त कार्यवाही हो और इस मामले को निपटारा त्वरित न्यायालय में हो। इस मामले में आरोपियों का गिरफ्तार किया जा चुका है और न्यायालय में पुलिस ने आरोप पत्र दाखिल भी कर दिया है। इस घटना में संलग्न सभी अपराधियों को शीघ्र सजा मिलेगी। यह सच है कि समाज से अपराध का खात्मा पूर्णत: नहीं किया जा सकता है किन्तु समुचित प्रशासनिक व्यवस्था एवं समयबद्ध न्याय के साथ उस पर नियंत्रण संभव है। खास बात है कि जनमानस पटल पर सुरक्षा को लेकर लकीर न दिखे। अवाम में असुरक्षा की भावना अपराधियों को ही बल देगी। हमारी सरकार ने अपराध के लिए समुचित सजा सुनिश्चित कर जनता का विश्वास जीता है। बिहार में यह संभव नहीं है कि कोई व्यक्ति जुर्म करके सजा से बचा रह सके। ऐसी हमारी दृढ़संकल्पिता है। उन्हें अब इस बात का पता है कि कोई है जो उन पर नजर बनाये हुए है।

नीतीश

बिहार वास्तव में अपनी एक सांस्कृतिक समृद्धता के लिए महत्व रखने वाला प्रदेश रहा है। सांस्कृतिक समृद्धता के साथ-साथ बिहार की युवा प्रतिभाओं ने देश-दुनिया में

अपनी प्रतिभा का लोहा मनवाया। आज बिहार में प्रतिभाओं की कमी नहीं है। जरुरत है तो बस उन्हें निखारने की।

बिहार समाचार के सितंबर 2010 के अंक में बिहार एक धरोहर के बारे में विस्तार से एक लेख लिखा है। जिसके अनुसार यह बिहार है जहां प्रकृति की सौंदर्य सुषमा विहंसती है। उत्तर में हिमालय, दक्षिण में झारखंड, पूरब में बंगाल और पश्चिम में उत्तर प्रदेश के बीच अवस्थित यह प्रदेश प्राकृतिक सौंदर्य का पालना है। प्राचीन काल में बौद्धों के अनेक विहार यहां विद्यमान थे और कदाचित इसी कारण इस प्रदेश का नाम विहार पड़ा। जो कालक्रम में बिहार बन गया। प्राचीन काल में इसके अन्य भी कई नाम थे, मगध, कीकट, व्रात्य आदि। गंगा-भारत की प्रमुख नदी ही नहीं है, अपितु संपूर्ण ऐतिहासिक, सांस्कृतिक चेतना का प्रतीक है, जिसे लोग भक्ति-भाव से श्रद्धा पूर्वक **गंगा मइया** कहते हैं। कोशी और गंडक की निर्मल उच्छल जलधारा बिहार के गले में मोतियों की माला की भांति सुशोभित है।

यह बिहार है जिसके कण-कण में इतिहास बोलता है। भारत का इतिहास वस्तुत बिहार का ही इतिहास है। प्रागैतिहासिक काल से ही बिहार राजनीतिक राजनीति का अखाड़ा, साम्राज्यों की राजधानी तथा अनेक ऐतिहासिक उथल-पुथल का केंद्र रहा है। भारतीय सभ्यता और संस्कृति की जननी बिहार का इतिहास उतना ही पुराना है, जितना स्वयं समय का। यह बिहार है, जहां वैदिक काल में विदेहराज जनक बड़े ही प्रतापी राजा हुए, जो अपने समय के महान दार्शनिक भी थे। उनकी बेटी ही सीता थी। जिनका विवाह मर्यादा पुरुषोत्तम साक्षात भगवान रामचंद्र के साथ हुआ था और जिनकी त्यागमयी गौरव-गाथा जाने कितनी रामायणों की सृजन प्रेरणा बन गयी, जिस रामायण की पूजा आज भी हिंदू घरों में होती है। रामायण तथा महाभारत आदि पौराणिक ग्रंथों से ज्ञात होता है कि प्राचीन बिहार में उस समय चार राज्य बड़े विख्यात थे। विदेह, लिच्छवी, अंग और मगध। महाभारत के अनुसार मगध के बृहद्रथ और गया के गयाशीर्ष तत्कालीन भारत के सोलह चक्रवर्ती सम्राटों में अग्रगण्य थे। बृहद्रथ पुत्र जरासंध ऐसे प्रतापी पराक्रमी मगध नरेश हुए जिनको परास्त करने के लिए श्रीकृष्ण को पांडु पुत्र भीम के साथ राजगृह आना पड़ा था। राजगृह जरासंघ की राजधानी थी। परवर्ती समय में भी बिहार में शिशुनाग, बिंबिसार और अजातशत्रु जैसे विख्यात राजा हुए। लिच्छवियों ने अपने साम्राज्य की सुदृढ़ रक्षा के लिए ईसा के लगभग 450 वर्ष पूर्व अपनी राजधानी राजगृह से पाटलिपुत्र स्थानांतरित कर दी। गंगा, गंडक और सोन नदियों के संगम पर यह स्थान पहले पाटलिग्राम के नाम से विख्यात था। अजातशत्रु ने यहां शक्तिशाली दुर्ग बनवाया था। कालांतर में पाटलिपुत्र, पालीगर, पाटलिबोथ्रा, पुष्पपुर, कुसुमपुर, अशोकपुरी, मौर्यनगर, अजीमाबाद अनेक नामों को स्वीकार और तिरस्कार करते हुए अब आधुनिक पटना है।

भारत का प्रामाणिक इतिहास सिकंदर के आक्रमण से माना जाता है और तब यह भी मानना पड़ता है कि जिस भय मात्र से सिकंदर सिंधु नदी के पार पूरब की ओर नहीं बढ़ा। वह इसी बिहार का प्रतापी सम्राट धनानंद था। उसकी विशाल सेना के भय से ही

सिकंदर सिंधु नदी के किनारे-किनारे से स्वदेश लौट गया और विश्व-विजेता होने का उसका सपना चकनाचूर हो गया।

यही बिहार है जिसके गौरव पुरुषों चाणक्य और चंद्रगुप्त ने विदेशी यवनों को भारत के सीमांत से खदेड़कर भारत को स्वतंत्र बनाया और शक्तिशाली मगध-साम्राज्य की स्थापना की। जिसके चरणों में विदेशी यवन सिर नवाते थे। सेल्यूकस अपनी पुत्री का विवाह चंद्रगुप्त मौर्य से करके संधि करने पर मजबूर हुआ। यही बिहार है जिसके प्रतापी सम्राट चंद्रगुप्त मौर्य के दरबार में जब यवन दूत मेगस्थनीज आया तो यहां के वैभव, ऐश्वर्य कला और किले को देखता ही रह गया था। यही बिहार है जिसके चाणक्य की कूटनीति का आज भी लोग लोहा मानते हैं और चाणक्य लिखित अर्थशास्त्र कूटनीति के ग्रंथों का आदि ग्रंथ ही नहीं, अपितु सर्वश्रेष्ठ ग्रंथ भी माना जाता है। यही बिहार है जहां दुनिया के इतिहास में अशोक जैसा सम्राट कोई दूसरा नहीं हुआ। महान लेखक एच.जी. वेल्स ने उसे संसार के सम्राटों में उच्चतम स्थान दिया है।

वैसे शुंग-वंश और कुषाणों के समय का इतिहास अंधकारमय है, शोध कार्य अभी जारी है। परंतु गुप्त सम्राटों के समय से बिहार एक बार फिर अपने खोए गौरव को प्राप्त करता है। यह बिहार है जिसका इतिहास अतीत से वर्तमान तक अत्यंत गौरवशाली है। जाने कितने पौराणिक ऐतिहासिक खंडहरों में आज भी वह गौरवशाली इतिहास बोल रहा है। खंडहर बतलाता है इमारत कभी बुलंद थी।

राजनीति के अलावा बिहार का योगदान ज्ञान-विज्ञान तथा साहित्य-संस्कृति के क्षेत्रों में भी अत्यंत महत्वपूर्ण रहा है। कूटनीतिज्ञ चाणक्य ने ईसा के लगभग तीन सौ साल पहले अपने अर्थशास्त्र की रचना की। जिनकी जन्मभूमि यही पटना नगरी थी। ऋगवेद में कीकट नाम से जिस प्रदेश का उल्लेख हुआ है वह बिहार है। बिहार के ही बाल्मीकि थे, जिन्होंने रामायण की रचना की जो भारतीय संस्कृति का आदि महाकाव्य है। इसी बिहार में उपवर्ष ने मीमांसा, व्यादि ने संग्रह, पंतजलि ने भाष्य, पिंगल ने छंद सूत्र, कात्यायन ने वार्तिक तथा अश्वघोष ने सौंदर्यनंद और बुद्धचरित लिखें। च्यवन ऋषि यहीं सोन नदी के किनारे रहते थे, जिनके वंशज वात्सायन ने कामसूत्र की रचना की। कामसूत्र ने देश देशांतरों की मूर्ति एवं स्थापत्य कलाओं को प्रभावित किया, जिसका प्रमाण है कि देश में कोणार्क मंदिर (उड़ीसा), खजुराहो (मध्य प्रदेश), अजंता (महाराष्ट्र) की गुफाएं मौजूद हैं। दत्तक ने वैशिक, बाणभट्ट ने हर्षचरित और कादंबरी की रचना की। पटना के ही आर्यभट्ट ने सन् 500 ई. के लगभग आर्यभट्टीयम लिखकर विज्ञान के क्षेत्र में तहलका मचा दिया था।

संस्कृत के अलावा पालि प्राकृत, अपभ्रंश, उर्दू फारसी और वर्तमान समय में हिंदी में ऐसे साहित्य की रचना हुई, जिससे बिहार गौरवान्वित हुआ। मोग्गलिपुत्त तिस्स की कथावत्थु सर्वसित की विनय जो पालि भाषा में है, बिहार की ही देन है। पालि भाषा की जननी भी यही बिहार है। एक जमाने में बिहार का पटना ही फारसी शिक्षा का भी गढ़

था और राजा राममोहन राय यही फारसी पढ़ने आये थे। बिहार का उर्दू साहित्य में अहम योगदान रहा है। बंगला के विश्व विख्यात साहित्यकार शरतचंद्र की भी लेखन भूमि बहुत समय तक बिहार की धरती रही। हिंदी के विकास में तो बिहार का योगदान इतना महत्वपूर्ण है कि बिहार से ही हिंदी साहित्य आरंभ हुआ। यह कहना गलत न होगा। हिंदी साहित्य के प्रारंभिक कवियों में बौद्व सिद्व थे और उनकी साधना-भूमि तथा जन्मभूमि यही बिहार की धरती थी। यहीं सरहपा, कण्हपा आदि बौद्व-सिद्व हुए, जिनकी रचनाओं से हिंदी काव्य का प्रारंभ माना जाता है। यहीं की मिथिला-भूमि में अमर गीतकार विद्यापति हुए जिनकी लोकप्रियता महलों से झोपड़ी तक आज भी कायम है। हिंदी गद्य में भी बिहार की देन भुलायी नहीं जा सकती क्योंकि पंडित सदल मिश्र इसी बिहार के निवासी थे। खड़ी बोली के प्रचार में अथक काम करने वाले अयोध्या प्रसाद खत्री जिनके उपन्यासों ने हिंदी जगत में पहली बार धूम मचा दी। देवकीनंदन खत्री इसी बिहार के प्रतिभा पुत्र थे। जैनेन्द्र, अज्ञेय और यशपाल के बाद हिंदी उपन्यास साहित्य को जबरदस्त मोड़ देने वाले फणीश्वरनाथ रेणु बिहार के ही थे। जिनका मैला आंचल आंचलिक उपन्यासों का मुकुटमणि है।

बिहार भारत के बड़े राज्यों में से एक है। इसका कुल क्षेत्रफल 94,163 वर्ग किलोमीटर है और इसकी आबादी 9 करोड़ के आसपास है। यह 21.59 और 27.31 उत्तरी अक्षांश एवं 83.20 और 83.32 पूर्वी देशांतर के बीच अवस्थित है। बिहार के उत्तर में नेपाल, पूरब में पश्चिम बंगाल, पश्चिम में उत्तर प्रदेश और मध्य प्रदेश और दक्षिण में झारखंड है। आधुनिक बिहार की राजधानी पटना है, जो विश्व के प्राचीनतम नगर के रूप में सर्वदा विख्यात रही है, और जिसका इतिहास ईसा से छह सौ वर्ष पहले का है।

यह बिहार भगवान बुद्व, महावीर और गुरु गोविन्द सिंह जैसे अहिंसा कर्म, त्याग और देश-प्रेम के महान संदेशवाहकों का जन्म स्थली है। उन लोगों ने केवल इस देश को ही नहीं, बल्कि बाहर के भी असंख्य लोगों के जीवन और चिंतन को प्रभावित तथा समृद्व किया है। यह राज्य संतों, मनीषियों, दार्शनिक और भाषाविदों का केंद्र रहा है। इस भूमि ने जनक जैसे राजा, अशोक जैसे सम्राट, समुद्रगुप्त जैसे अपराजेय विजेता, चंद्रगुप्त जैसे प्रशासक, कुंवर सिंह जैसे वीर योद्वा, कौटिल्य जैसे बुद्विमान राजनयिक, पाणिनी और पतंजलि जैसे भाषाविद्, याज्ञवल्क्य जैसे निष्णात विद्वान गौतम, कपिल और मंडन मिश्र जैसे दार्शनिक और विद्यापति जैसे कवि को जन्म दिया है। यही वह स्थल है, जहां महात्मा गांधी ने अफ्रीका से लौटने पर भारत की भूमि में ब्रिटिश शासन के विरुद्व सर्वप्रथम सत्याग्रह के अभिनव अस्त्र का साहसिक और सफल प्रयोग किया। बिहार विद्या, धर्म और कला का स्थल रहा है। यहां के नालंदा, विक्रमशिला और उदंतपुरी के विश्वविद्यालयों एवं मिथिला के संस्कृत प्रतिष्ठानों में विज्ञान, दर्शन, भाषाशास्त्र साहित्य, आयुर्वेद, तंत्र और अन्य विषयों के ज्ञानार्जन के लिए बाहर से शिक्षार्थी आया करते थे। यहां के प्रकांड पंडित एवं बौद्वभिक्षु भारतीय सभ्यता और संस्कृति के सारभूत तत्वों का

उपदेश देने के लिए नदियों और पहाड़ों को पार कर विदेशों में जाया करते थे। इस प्रकार बिहार कई शताब्दियों तक इस देश के इतिहास, प्रशासन, राजनीति और भारतीय समाज को प्रभावित करता रहा।

महान विद्वान आर्यभट्ट का प्रादुर्भाव भी यहीं हुआ था। विश्व में वे प्रथम व्यक्ति थे, जिन्होंने यह घोषणा की थी कि पृथ्वी गोल है। उन्होंने इस तथ्य को भी सिद्व किया था, जो आगे चलकर गुरुत्वाकर्षण नियम के नाम से विख्यात हुआ। उन्होंने दृढ़तापूर्वक यह घोषणा की थी कि पृथ्वी सूर्य के चारों ओर घूमती है।

1 अप्रैल, 1936 को बिहार से उड़ीसा प्रांत अलग किया गया। गवर्नमेंट ऑफ इंडिया एक्ट 1935 में जिस प्रांतीय स्वायत्तता की परिकल्पना की गई थी, उसका सूत्रपात 1 अप्रैल 1937 को हुआ। सन 2000 में बिहार का पुन: झारखंड राज्य के रूप में बंटवारा हुआ और बिहार विधानसभा में 243 सदस्य रह गए। बिहार विधान परिषद में कुल 75 सदस्य हैं। आधुनिक पटना शहर गंगा नदी के दक्षिण में लगभग 20 किलोमीटर से अधिक लंबाई एवं 6 किलोमीटर से अधिक की चौड़ाई में फैला हुआ है। यह आश्चर्य का विषय है कि प्राचीन पाटलीपुत्र या पाली बोथरा की लंबाई चौड़ाई ठीक वैसी ही है, जैसा कि चंद्रगुप्त मौर्य के समय थी। शहर के पश्चिमी छोर बांकीपुर के पास गंगा दक्षिण की ओर मुड़ी है। यहां गंगा नदी की चौड़ाई लगभग एक मील है, परंतु बरसात में यह चौड़ाई फैल जाती है और दूसरी तरफ का तट दृष्टिगोचर नहीं होता। जैन संहिता तितल्होगली पन्निय से पता चलता है कि सन 575 ई. में सोन नदी की बाढ़ से सारा शहर डूब गया था। यह सर्वविदित है कि प्राचीन समय में सोन नदी गंगा से पाटलीपुत्र के निकट मिलती थी। परंतु अब सोन पटना से लगभग 20 मील दूर पश्चिम की तरफ बहती है। ये टोपोग्राफिकल लक्षण प्राचीन पाटलीपुत्र नगर के नष्ट होने के कारणों की खोज में काफी सहायता करती है। पटना के पूर्वी छोर पर स्थित है अगमकुंआ। पटना की इस प्राचीन धरोहर अगमकुंआ की अपनी महत्वपूर्ण ऐतिहासिक पृष्ठभूमि है। यहां लगभग 3000 वर्ष पुराना शीतला मां मंदिर और मंदिर से सटा हुआ एक विशालकाय कुंआ है जो बरबस लोगों का ध्यान अपनी ओर आकृष्ट करता है।

बताया जाता है कि प्राचीन काल में सती के पिता राजा दक्ष ने अपने यहां एक धार्मिक अनुष्ठान में सभी देवी-देवताओं को आमंत्रित किया। लेकिन भगवान शंकर को नहीं बुलाया। सती बगैर निमंत्रण के ही वहां पहुंची। निमंत्रित देवी देवताओं के लिए सुरक्षित आसन में शंकर का आसन नहीं देखकर सती ने स्वयं को अपमानित महसूस किया। क्रोधित होकर उन्होंने अनुष्ठान में प्रज्वलित हवनकुंड में कूदकर अपनी जान दे दी। यह स्थिति भगवान शिव के लिए असहनीय थी। उन्होंने नटराज का रूप धारण कर सती के पार्थिव शरीर को उठाकर तांडव नृत्य शुरू कर दिया। बाद में भगवान विष्णु के चक्र से खंडित सती का अंग कट-कटकर समूचे ब्रह्मांड में फैल गया। कहा जाता है कि उनकी बांयी जंघा यहीं आकर गिरी जहां आज अगमकुंआ का मंदिर स्थापित है। कुंआ सम्राट अशोक के काल में खोदा गया था जो अपने 99 भाइयों को मारकर राजा

बना था। इस प्राचीन ऐतिहासिक मंदिर की वर्तमान खासियत यह है कि यहां संपूर्ण धार्मिक अनुष्ठान अनुसूचित जाति के पुजारी द्वारा संपन्न कराए जाते हैं। मंदिर में विवाह संस्कार भी संपन्न कराए जाते हैं। इसके साथ ही हर मंगल को विशेष पूजा तथा दशहरा, चैत, नौंवी और आषाढ़ की सप्तमी, अष्टमी और नौंवी को प्रतिवर्ष मेला लगता है। बदलते बिहार के बारे में जितना भी कुछ लिखा जाए वह कम है। यह बात सही भी है। बिहार का हर एक जिला अपने अंदर सांस्कृतिक समृद्धता लिए हुए है।

देश को राह दिखाता बिहार

- कुछ वर्ष पूर्व तक कई मापदंडों में निचले पायदान पर रहने वाले बिहार में, वर्तमान सरकार द्वारा लिए गए निर्णयों एवं योजनाओं का अनुसरण आज केंद्र सरकार के अलावा देश के कई अन्य राज्य भी कर रहे हैं। जिससे बिहार लगातार विकास के पथ पर अग्रसर हो रहा है।
- पंचायती राज संस्थाओं और नगर-निकायों के चुनाव में महिलाओं के लिए 50 फीसदी का आरक्षण।
- सूचना के अधिकार अधिनियम के तहत बेहतर कार्यन्वयन हेतु टेलीफोन आधारित जानकारी हेतु कॉल सेंटर योजना का कार्यान्वयन।
- भूतपूर्व सैनिकों को नियुक्त कर स्पेशल ऑक्जिलियरी पुलिस का गठन।
- भारत के पहले शिक्षा मंत्री मौलाना अबुल कलाम आजाद के जन्म दिवस को शिक्षा दिवस के रूप में मनाने के निर्णय का कार्यान्वयन।
- सहकारी संस्थाओं के चुनाव कराने हेतु स्वतंत्र निर्वाचन प्राधिकार का गठन।
- अल्पसंख्यक मुस्लिम बालिकाओं के व्यवसायिक उन्मुखीकरण और आर्थिक आत्मनिर्भरता हेतु हुनर योजना का कार्यान्वयन और हुनरमंद बालिकाओं को औजार योजनान्‍र्तत टूल किट के लिए राशि की उपलब्धता।
- महिला साक्षरता को बढ़ावा देने के लिए मुख्यमंत्री अक्षर आंचल योजना का कार्यान्वयन।
- गंगा नदी में पाये जाने वाली डॉल्फिन बिहार की पहल पर राष्ट्रीय जलीय जीव घोषित।

विकास के बोलते आंकड़े

- राज्य की औसत वार्षिक विकास 2008-09 में प्रचलित मूल्यों पर 24.33 प्रतिशत तथा स्थिर मूल्यों पर 16.59 प्रतिशत रही।

- राज्य का योजना व्यय 2004-05 में रुपये 3,476 करोड़ से बढ़कर 2009-10 में 14,184 करोड़ रुपये हो गया।
- राज्य का कर राजस्व 2004-05 में रुपये 3,347 करोड़ से बढ़कर 2009-10 में रुपये 8,274 करोड़ हो गया।
- राज्य निवेश प्रोत्साहन परिषद द्वारा अब तक 342 प्रस्तावों पर सहमति बनी, इसमें 47 इकाईयां कार्यान्वित और 86 इकाईयां कार्यान्वयन के अंतिम चरण में। कुल निवेश रुपये 1,171 करोड़।
- 1657 किलोमीटर राष्ट्रीय उच्च पथों का राज्य निधि से रुपये 969.76 करोड़ रुपये खर्च कर उन्नयन किया गया।
- मुख्यमंत्री सेतु योजना अंतर्गत 1671 योजनाएं पूर्ण। इसमें से बिहार राज्य पुल निर्माण निगम द्वारा 619 पुलों का निर्माण किया गया।
- जहां 2004-05 में कुल 385 किलोमीटर पथों का निर्माण हुआ था, वही 2009-10 में 3475 किलोमीटर पथों का निर्माण किया गया। 2006-07 से अब तक कुल 23,606 किलोमीटर पथ निर्मित हुए।
- बिहार राज्य पुल निर्माण निगम का 2004-05 का टर्न ओवर रुपये 43 करोड़ से बढ़कर 2009-10 में बढ़कर 858 करोड़ हो गया।
- कुल 18,457 नए प्राथमिक विद्यालय खोले गए और 14,675 प्राथमिक विद्यालय, मध्य विद्यालयों में उत्क्रमित हुए।
- कुल 2,15,145 प्रारंभिक शिक्षक और 500 उच्च माध्यमिक शिक्षकों की नियुक्ति की गई।
- विद्यालय से बाहर के बच्चों की संख्या 2006-07 में 25 लाख से घटकर 2010-11 में 7.70 लाख हो गई।
- मुख्यमंत्री बालिका पोशाक योजना के अंतर्गत अब तक कक्षा 6 से 8 तक में नामांकित 36,81,219 बालिकाओं को राशि उपलब्ध करायी गई।
- मुख्यमंत्री बालिका साइकिल योजना के अंतर्गत अब तक 9वीं कक्षा की 13.60 लाख बालिकाओं को राशि उपलब्ध करायी गई।
- 2005-06 में वार्षिक संस्थागत प्रसव की संख्या 45 हजार थी जो 2009-10 में बढ़कर 12.46 लाख हो गयी।
- 2004-05 पूर्ण टीकाकरण की उपलब्धि में 11 प्रतिशत थी, जो 2009-10 में बढ़कर 5 हजार प्रति माह हो गई।

- पूर्व में जहां पंचायती राज व्यवस्था में महिलाओं की भागीदारी नगण्य थी, वहीं सरकार द्वारा लागू 50 प्रतिशत आरक्षण व्यवस्था के फलस्वरूप पंचायतों में सभी स्तरों पर 55 प्रतिशत महिलाएं निर्वाचित हुई।
- खाद्यान्न उत्पादन 2005-06 में 85.49 लाख टन से बढ़कर 2009-10 में 120.86 लाख टन हो गया।
- अनुदानित दर पर प्रमाणित बीज वितरण 2006-07 में 6200 क्विंटल से बढ़कर 2009-10 में 4,83,000 क्विंटल हो गया।
- आधुनिक कृषि यंत्रों के लिए किसानों को उपलब्ध करायी गई, अनुदान राशि 2006-07 में 8.83 करोड़ रुपये से बढ़कर 2009-10 में 95.95 करोड़ रुपये हो गई।
- गेहूं अधिप्राप्ति 2005-06 में 0.01 लाख टन से बढ़कर 2009-10 में 4.97 टन तथा धान की अधिप्राप्ति 2005-06 में 7.60 लाख टन से बढ़कर 2009-10 में 10.10 लाख टन हो गई।
- 2006 में 6839 अपराधियों को सजा दी गई थी, जबकि 2009 में 13146 अपराधियों को सजा दी गई। वर्ष 2006 से अब तक कुल 45467 अपराधियों को सजा दी जा चुकी है।
- भ्रष्टाचार के विरुद्ध मुहिम के अंतर्गत 2006 में 60 ट्रैप केसेज में 66 गिरफ्तारी हुई थी, जबकि 2009 में 80 ट्रैप केसेज में 93 गिरफ्तारी हुई।
- 2006 में बिहार आने वाले विदेशी पर्यटकों की संख्या 94 हजार से बढ़कर 2009 में 4.23 लाख हो गई।

नए कानून

नीतीश कुमार के पिछले कार्यकाल में कई नए कानून और नीतियां बनाई गई जिनमें कुछ नए कानून इस प्रकार हैं-

- कृषि उपज बाजार समिति निरसन अधिनियम, 2006
- भूगर्भ जल विकास प्रबंधन एवं उससे संबंधित अथवा प्रासंगिक मामलों को विनियमित एवं नियंत्रित करने हेतु बिहार भूगर्भ जल विकास एवं प्रबंधन का विनियमन एवं नियंत्रण अधिनियम-2006
- वैट प्रक्रिया का सरलीकरण- 2006
- बिहार आधारभूत संरचना (एनेवलींग) एक्ट, 2006
- बिहार सिंगल विंडो क्लियरेंस एक्ट, 2006

- बिहार क्षेत्रीय विकास प्राधिकार संशोधन अधिनियम, 2006
- बिहार ईख आपूर्ति एवं खरीद का विनियमन संशोधन अधिनियम, 2006
- बिहार अराजकीय माध्यमिक विद्यालय प्रबंध एवं नियंत्रण ग्रहण अधिनियम, 2006
- चाणक्य राष्ट्रीय विधि-विश्वविद्यालय अधिनियम, 2006
- भारतीय स्टांप बिहार संशोधन अधिनियम, 2006
- राजकोषीय उत्तरदायित्व और बजट प्रबंधन अधिनियम, 2006
- बिहार जलकर प्रबंधन अधिनियम, 2006 तथा संशोधन 2007
- दीघा अर्जित भूमि बंदोबस्ती अधिनियम, 2010
- बिहार नगरपालिका अधिनियम, 2007 में संशोधन
- बिहार दुकान एवं प्रतिष्ठान अधिनियम, 1953 में संशोधन, 2007
- बिहार पुलिस अधिनियम, 2007
- बिहार सचिवालय सेवा अधिनियम, 2007 एवं बिहार सचिवालय सेवा नियमावली, 2010 का गठन
- बिहार विद्यालय शिक्षा समिति अधिनियम, 2007
- नालंदा विश्वविद्यालय अधिनियम 2007
- बिहार उत्पाद अधिनियम 1915 में संशोधन, 2007
- बिहार सहकारी सोसाइटी संशोधन अधिनियम-2008 और 2009
- बिहार स्वावलंबी सहकारी समिति संशोधन अधिनियम-2008
- बिहार अधिनियम संख्या 26/2008 द्वारा बिहार मूल्य वर्धित कर अधिनियम, 2005 में कतिपय संशोधन
- बिहार राज्य सूक्ष्म, लघु उद्यम पुनर्वास अधिनियम, 2008
- बिहार राज्य मेला प्राधिकार अधिनियम, 2008
- बिहार रिसर्च सोसायटी अधिग्रहण अधिनियम 2008
- आर्यभट्ट ज्ञान विश्वविद्यालय अधिनियम 2008
- संविदा विवाद के त्वरित निष्पादन हेतु बिहार लोक कार्य संविदा विवाद माध्यस्थम न्यायाधिकरण का गठन।
- निजी क्षेत्र के गैर बैंकिंग संस्थाओं में जमाकर्ता के हितों के संरक्षण हेतु नये कानून के अंतर्गत विशेष न्यायालय का गठन।
- बिहार वित्त अधिनियम, 1981 के अंतर्गत संशोधन कर सभी लंबित कर-निर्धारण कार्रवाइयों को जिसमें दो लाख पचास हजार रुपये तक कर राशि सन्निहित हो तथा अभिलेख पर कोई अन्य कार्रवाई लंबित न हो, का स्वत: निष्पादित माने जाने का प्रावधान किया गया है।
- प्राकृतिक आपदा की स्थिति में व्यापारियों को किसी क्षेत्र विशेष के व्यवसायियों को रिटर्न दायर करने एवं कर जमा करने की समय बढ़ाने का प्रावधान बिहार मूल्य

वर्धित अधिनियम, 2005 में नहीं था। राज्य में भीषण बाढ़ के रूप में आयी प्राकृतिक आपदा को ध्यान में रखते हुए बिहार मूल्य वर्द्धित कर अधिनियम, 2005 में अध्यादेश संख्या 3/2008 द्वारा संशोधन कर इस आशय का प्रावधान।

- राज्य न्यायिक सेवा एवं उच्च न्याय सेवा के अंतर्गत की जाने वाली सीधी नियुक्ति में आरक्षण अधिनियम 1991 लागू।
- बिहार भूमि न्यायाधीकरण अधिनियम, 2009
- महिला सशक्तिकरण अंतर्गत बिहार भूमि सुधार, अधिकतम सीमा निर्धारण तथा अधिशेष भू-अर्जन संशोधन अधिनियम, 2009
- बिहार भूमि विवाद निराकरण अधिनियम, 2009
- बिहार पंचायत राज अधिनियम 2006 की धारा- 18, 44, 70, 97 में संशोधन करते हुए त्रिस्तरीय पंचायत राज संस्थाओं एवं ग्राम कचहरी के पदधारकों की यथा- अध्यक्ष, उपाध्यक्ष, प्रमुख, मुखिया, उप-मुखिया, सरपंच एवं उप सरपंच को पदच्युत करने की शक्ति सरकार में निहित।
- बिहार पंचायत राज अधिनियम 2006 की धारा-13, 15, 38, 40, 65, 67, 91 एवं 93 में क्रमशः ग्राम पंचायत के सदस्य, मुखिया, पंचायत समिति के सदस्य प्रमुख, जिला परिषद के सदस्य, अध्यक्ष, ग्राम कचहरी के पंच एवं सरपंच के पदों पर विहित रीति से चक्रानुक्रम में स्थान का आरक्षण संबंधी प्रावधान, जो दो क्रमिक आम निर्वाचन के पश्चात होगा।
- बिहार पंचायत राज अधिनियम, 2006 की धारा 60 में संशोधन करते हुए प्रखंड विकास पदाधिकारी को पंचायत समिति के कार्यपालक पदाधिकारी के रूप में सरकार द्वारा नियुक्त किए जाने संबंधी प्रावधान।
- राज्य में परिवहन कानूनों को युक्ति संगत बनाने के बिहार मोटरयान अधिनियम, 1994 में संशोधन कर करों को युक्ति संगत बनाया गया है।
- बिहार कृषि भूमि गैर कृषि प्रयोजनों के लिए संपरिवर्तित अधिनियम 2010
- भ्रष्टाचार से लोक सेवकों के हाथ अर्पित संपत्ति के अधिग्रह के लिए बिहार विशेष न्यायालय अधिनियम 2010 और बिहार विशेष न्यायालय नियमावली 2010
- बिहार कृषि विश्वविद्यालय विधेयक 2010
- बिहार संपत्ति विरुपण अधिनियम, 1987 का संशोधन विधेयक 2010

जिला परिषद के प्रतिनिधियों का अभिवादन स्वीकार करते मुख्यमंत्री

स्कूली बच्चों को प्रतिभा पुरस्कार से सम्मानित करते हुए नीतीश कुमार

मॉरीशस के प्रधानमंत्री नवीनचंद्र रामगुलाम को मोमेंटो भेंट करते हुए नीतीश कुमार

रिपब्लिक डे पर आयोजित परेड की सलामी लेते नीतीश कुमार

मॉरीशस के प्रधानमंत्री नवीन चंद्र रामगुलाम के साथ विकास योजनाओं का शुभारंभ करते हुए नीतीश कुमार

सर्वधर्म समभाव की भावना के तहत ईद-मिलन समारोह के दौरान नीतीश कुमार

जनता के बीच नीतीश कुमार उनकी समस्याओं को सुनते हुए

दलाई लामा के साथ नीतीश कुमार

पटना के गांधी मैदान में आयोजित शपथ ग्रहण समारोह में मुख्यमंत्री पद की शपथ लेते हुए नीतीश कुमार

बख्तियारपुर में एक महिला की समस्या को सुनते नीतीश कुमार

राष्ट्रपति प्रतिभा देवी सिंह पाटिल का स्वागत करते नीतीश कुमार

मॉरीशस के प्रधानमंत्री नवीनचंद्र रामगुलाम और उनकी पत्नी वीना रामगुलाम के साथ नीतीश कुमार साथ में नीतीश कुमार की मां परमेश्वरी देवी

पटना सिटी गुरुद्वारे में आयोजित कार्यक्रम में नीतीश कुमार

फोटोग्राफर आर.बी. यादव द्वारा दिल्ली में नीतीश कुमार की विशेष मुद्रा में खीचीं गई तस्वीर

◀ मां परमेश्वरी देवी से आर्शीवाद लेकर घर से निकलते हुए नीतीश कुमार

पटना में रिक्शा की सवारी करते हुए ▶ मुख्यमंत्री नीतीश कुमार

◀ भगवान शिव की पूजा-अर्चना करते हुए मुख्यमंत्री

नई नीतियां

- औद्योगिक प्रोत्साहन नीति, 2006
- चीनी उद्योग प्रोत्साहन नीति, 2006
- मूल्य अधिमानता नीति, 2006
- बिहार राज्य खेल प्रोत्साहन नीति, 2007
- उत्पाद नीति, 2007
- बिहार भू-अर्जन पुनर्स्थापन एवं पुनर्वास नीति, 2007
- खाद्य प्रसंस्करण नीति, 2008
- बिहार विज्ञापन नीति, 2008
- बिहार पर्यटन नीति, 2009
- प्रारुप सूचना प्रावैधिकी नीति, 2010
- बिहार महादलित विकास योजनान्तर्गत रियायती भूमि की क्रय नीति, 2010

नीतीश की जीत पर भोजपुरी में एक बड़ी ही सुंदर कविता नौरेन भाई की है जिसके अंश यहां प्रस्तुत है-

बिहार में विकास के ऊंचा भईल शीश
का जोरदार मिलल बा जनता के आशीष,
आखिर जीत गईलेन नीतीश
आखिर जीत गईलेन नीतीश
जात पात अउर ऊंच नीच के धूमिल हो गईल नारा,
जनता के सुंदर निर्णय के आज देख ली नजारा,
सर उठा के जियेहेन अब अपने घर में बिहारी
रोज-रोटी खातिर नाही अब कही केहू दुत्कारी
अपना जनम-धरती के ना करी केहू मिस
आखिर जीत गईलेन नीतीश
आखिर जीत गईलेन नीतीश
पांच बरस में कइलेन साहिब जितना सुंदर काम
जनता भी देहलेस उनका के वोतने सुंदर इनाम
सबका मन के पोसल सपना अब हो जाई साकार
आये वाला समय में सबका के रोजगार दी बिहार
सगरी भोजपुरिया भाई के स्वीकार करी विश
आखिर जीत गईलन नीतीश
आखिर जीत गईलन नीतीश

बिहार के बारे में क्या है दिग्गजों की राय-

- बिहार में स्थिति काफी बदल गयी है। सकारात्मक पहल और नेतृत्व की बदौलत ही स्थिति में अनुकूल परिवर्तन हुए हैं- नोबल पुरस्कार विजेता प्रसिद्ध अर्थशास्त्री अमर्त्य सेन
- यह वह बिहार नहीं है जो पहले हुआ करता था। अब सड़कें दिखती है, योजनाएं दिखती है, खतरनाक बीमारियों से बचाने वाले टीके भी लोगों को लग रहे हैं- माइक्रोसॉफ्ट प्रमुख बिल गेट्स
- बिहार आकर काफी खुश हूं। नीतीश कुमार का कार्य उत्साहजनक है- परम पावन दलाई लामा
- पिछले कुछ वर्षों से बिहार ने आर्थिक क्षेत्र में काफी प्रगति की है-योजना आयोग के उपाध्यक्ष मोंटेक सिंह आहलूवालिया
- बिहार के विकास का सबसे बड़ा कारण, कानून व्यवस्था का पटरी पर आना। बिहार से सीख लें, अन्य राज्य- प्रसिद्ध अर्थशास्त्री स्वामीनाथन एस. अंकलेसारिया अय्यर
- चीन के बाद बिहार की अर्थव्यवस्था विश्व में सबसे तेज- प्रसिद्ध अंतरराष्ट्रीय पत्रिका न्यूजवीक
- वर्ल्ड क्लास ओवरब्रिज, चमचमाती सड़कें और उन पर दौड़ रही गाड़ियां, बन रही बिहार की पहचान- प्रसिद्ध अंतरराष्ट्रीय पत्रिका इकॉनोमिस्ट
- मुख्यमंत्री के रूप में नीतीश कुमार ने संस्थानों की आधारभूत कार्य संस्कृति को बदला- प्रसिद्ध अंर्तराष्ट्रीय पत्रिका न्यूजवीक
- नीतीश से सुशासन के कुछ गुण सीखने हैं- दिल्ली की मुख्यमंत्री शीला दीक्षित
- बिहार को विशेष पहचान दिलाने की मुख्यमंत्री की कोशिश को राज्य से बाहर व्यापक स्वीकृति। कारोबार करने के लिए मुंबई से बेहतर पटना- विश्व बैंक रिपोर्ट

हर क्षेत्र में प्रगति

बिहार हर क्षेत्र में प्रगति कर रहा है। पुस्तक के पहले अधयायों में कुछ आंकड़ें भी दिए गए हैं जिससे बिहार की प्रगति के बारे में पता चलता है। शिक्षा, स्वास्थ्य, कानून व्यवस्था, रोजगार, पंचायती राज, गरीबी रेखा से नीचे जीवन यापन करने वाले लोगों सहित हर स्तर पर ऐसे प्रयास किए गए हैं कि राज्य की जनता को सुकून मिले। लोग विकास करें और आगे बढ़े। कोई भी ऐसा क्षेत्र नहीं जहां विकास की बयार नहीं बह रही हो। अगर हम राजनीति की बात को छोड़ दें तो सच्चाई यही है कि हर क्षेत्र में प्रगति हुई। राजनीतिक दल सवाल उठाते हैं हम उन सवालों की बात नहीं करते। हम आंकड़ों की बात भी नहीं करते लेकिन जमीनी हकीकत की तो बात करते हैं और जमीन पर जो कुछ हो रहा है उसकी बात करते हैं। आखिर पिछले पांच वर्ज़ों में बिहार में अपराधों में क्यों कमी आई है? अगर.यह इच्छाशक्ति पहले ही किसी सरकार ने जाहिर किया होता तो क्या बिहार में प्रगति नहीं हो सकती थी। लेकिन इच्छाशक्ति का अभाव था और इसी वजह से ही विकास के मामले में बिहार पिछड़ गया। आज हर क्षेत्र में तरक्की हो रही है। बात अगर हम पंचायतों से शुरू करें तो।

नीतीश कुमार ने पंचायतों को मजबूत करने के लिए लगातार प्रयास किए। त्रिस्तरीय पंचायतों में सभी कोटियों में एकल पदों सहित सभी पदों पर महिलाओं को 50 फीसदी का आरक्षण देकर पूरे देश में एक मिसाल कायम कर दी। इसके अलावा पंचायतों को मजबूती प्रदान करने के लिए राज्य सरकार ने उचित प्रतिनिधित्व के लिए अत्यंत पिछड़े वर्ग को 20 फीसदी तक आरक्षण दिया। ग्राम स्तर पर विवादों को आपसी सौहार्दपूर्ण वातावरण में निपटाने तथा उचित एवं त्वरित न्याय दिलवाने हेतु ग्राम कचहरी का गठन किया। पंचायत सरकार भवन के निर्माण के लिए प्रक्रिया प्रारंभ कर दी।

राज्य सरकार ने निर्वाचित पंचायत महिला प्रतिनिधियों की राजनैतिक जागरुकता में वृद्धि कर समस्याओं को अभिव्यक्त करने एवं सशक्तिकरण हेतु

पंचायत महिला शक्ति अभियान के तहत शक्तिरूपा एसोसिएशन का गठन किया। त्रिस्तरीय पंचायती राज संस्थाओं एवं ग्राम कचहरी के निर्वाचित प्रतिनिधियों, जिला परिषद के अध्यक्ष, उपाध्यक्ष, पंचायत समिति के प्रमुख, उप प्रमुख, ग्राम पंचायत के मुखिया, उप मुखिया एवं ग्राम कचहरी के सरपंच, उप सरपंच को प्रोत्साहित करने के लिए नियत भत्ते, दैनिक भत्ते एवं यात्रा भत्तों तथा अनुसूचित जाति, अनुसूचित जनजाति, अत्यंत पिछड़ा वर्ग के पुरुष एवं महिला तथा अन्य वर्ग की महिला, जो गरीबी रेखा के नीचे जीवन यापन कर रहे हैं को विशेष मानदेय की स्वीकृति की गई है ताकि पंचायत प्रतिनिधि सुचारु रूप से कार्य कर सकें। इसी प्रकार सहकारिता के क्षेत्र में राज्य सरकार ने कई उल्लेखनीय काम किए हैं जिसमें किसानों को सहकारी बैंक के माध्यम से फंड की सुविधा आदि उपलब्ध कराना है। बिहार के बदलते परिदृश्य के बारे में अर्थशास्त्रियों का भी मानना है कि बिहार अब बदल रहा है। विकास हो रहा है। पंचायतें मजबूत हो रही हैं और सहकारिता कारण किसानों की दशा बदल रही है। विकास के आंकड़े भी काफी कुछ बिहार के विकास की परिभाषा बता रहे हैं।

राज्य में पंचायत राज संस्थाओं को सुदृढ़ करने के लिए कई कायदे-कानून बनाए गए हैं जिनमें

- बिहार पंचायत निर्वाचन नियमावली, 2006
- बिहार जिला योजना समिति का गठन एवं कार्य संचालन नियमावली, 2007
- बिहार ग्राम कचहरी न्याय मित्र, 2007
- बिहार ग्राम कचहरी सचिव नियमावली, 2007
- बिहार ग्राम कचहरी संचालन नियमावली, 2007
- बिहार राज्य निर्वाचन आयुक्त नियमावली, 2008
- बिहार पंचायत सेवा नियमावली, 2010

इन नियमों के अलावा बारहवें वित्त आयोग की अनुशंसा पर पिछले पांच वर्षों में राज्य कुल 1,62,400 करोड़ रुपये पंचायत राज संस्थाओं को स्वीकृत किया गया। इस राशि का उपयोग जलापूर्ति एवं स्वच्छता सेवा को सुधारने में प्राथमिकता के आधार पर दिया गया। बिहार पंचायत सुदृणीकरण परियोजना हेतु विश्व बैंक के जापानी पी.एच.आर.डी. अनुदान की राशि रुपये 276.41 लाख से कोर टीम द्वारा परियोजना कर तैयारी की गई। इसके आधार पर विश्व बैंक से 600 करोड़ रुपये फंड प्राप्त होने पर बिहार ग्राम स्वराज योजना सोसाइटी के माध्यम से परियोजना के लिए चयनित 6 जिलों सहरसा, मधोपुरा, सुपौल, पटना, नालंदा और भोजपुर के 1,312 पंचायतों में पंचायत सरकार भवन का निर्माण तथा पंचायती राज संस्थानों के प्रतिनिधियों का क्षमतावर्धान कार्य करने का सरकार का निर्णय है।

पंचायतों को मजबूत करने के अलावा नीतीश कुमार किसानों के हित के लिए राज्य में काफी कुछ कर रहे हैं। कृषि क्षेत्र के लिए राज्य सरकार ने 11 वहीं पंचवर्षीय योजना के तहत कृषि क्षेत्र के समग्र विकास के लिए 3,75,712 करोड़ रुपये की लागत पर चार वर्षीय कृषि रोड मैप स्वीकृत किया गया है। इसके अलावा मुख्यमंत्री तीव्र बीज विस्तार योजना का सफलतापूर्वक संचालन किया जा रहा है। बीज ग्राम नामक योजना की शुरुआत की गई। कृषि वैज्ञानिक गांव की ओर कार्यक्रम, कृषि विकास शिविर एवं जागरुकता रथ के माध्यम से कृषकों को कृषि की नवीनतम तकनीकी और सरकार के कार्यक्रमों की जानकारी दी जा रही है। 16 जिलों में पश्चिमी चंपारण, पूर्वी चंपारण, मुजफ्फरपुर, समस्तीपुर, वैशाली, दरभंगा, अररिया, पूर्णियां, किशनगं.ज, कटिहार, भागलपुर, बांका, मुंगेर, पटना, नालंदा एवं गया आदि जिलों में राष्ट्रीय बागवानी मिशन योजना स्वीकृत की गई है। मिशन कार्यक्रम के सुचारु संचालन के लिए बिहार हॉर्टिकल्चर डेवलपमेंट सोसाइटी का गठन किया गया है। राष्ट्रीय बागवानी मिशन में शामिल जिलों को छोड़कर अन्य 22 जिलों में राष्ट्रीय बागवानी मिशन के तर्ज पर मुख्यमंत्री बागवानी मिशन कार्यक्रम की शुरूआत की गई। इसके अलावा किसान सम्मान योजना का शुभारंभ, प्रखंड स्तर पर चयनित कृषकों को किसान श्री, जिला के कृषकों को किसान भूषण एवं राज्य स्तर पर सर्वश्रेष्ठ किसान को किसान रत्न सम्मान से अलंकृत किया गया। नया बाग लगाओ अभियान के अंतर्गत सभी प्रखंडों में त्रिदिवसीय कैंप आयोजित किए गए। इससे आम, लीची, अमरुद, केला तथा आंवला के पौधारोपण का कार्यक्रम भी राज्य में सुचारु रूप से चल रहा है। राज्य सरकार द्वारा कृषि विकास के लिए कई नयी योजनाएं और कार्यक्रम चलाई जा रही है। योजनाओं और कार्यक्रमों की सफलता के लिए राज्य सरकार हर स्तर पर प्रयत्नशील और तत्पर है। किसानों की समस्याओं के शीघ्र समाधान एवं उनकी सहायता के लिए एक हेल्पलाइन की व्यवस्था की गई है। मुख्यालय स्तर पर कृषि विभाग के वरिष्ठ पदाधिकारियों के एक सेल का गठन किया गया है ताकि किसानों की खेती में आ रही समस्याओं का त्वरित निष्पादन हो सके। विभाग द्वारा कृषि उत्पादन आयुक्त सहित अन्य सदस्यों का दूरभाष नंबर पर जारी कर दिया है ताकि किसी प्रकार की कठिनाई की स्थिति में किसानों को इसका लाभ मिल सके। किसानों से प्राप्त समस्याओं के बारे में विभाग द्वारा एक प्रपत्र तैयार किया गया जिसमें किसानों का नाम, ग्राम, पंचायत, प्रखंड जिला, दूरभाष, समस्या और शिकायतों का पूरा विवरण दिया गया है। शिकायतों या समस्याओं पर सचिव के निर्देश में सेल के सदस्य इसके त्वरित निष्पादन संबंधी कार्रवाई करेंगे। ताकि किसानों की समस्याओं का त्वरित निपटारा हो

सके। इसके अलावा सहकारिता के क्षेत्र में भी राज्य में कई कार्यक्रम सुचारु रूप से चलाए जा रहे हैं।

राज्य के ग्रामीण सहकारी साख संरचना को सुदृण बनाने एवं अल्पकालीन कृषि सहकारी साख संस्थाओं की वित्तिय स्थिति में सुधार लाने के उद्‌देश्य से प्रो.ए वैद्यनानि कमिटी की अनुशंसाओं पर आधारित पुनरुद्वार पैकेज स्वीकार करते हुए केंद्र सरकार एवं नाबार्ड के साथ त्रिपक्षीय समझौता ज्ञापन पर हस्ताक्षर हुए हैं। राज्य सरकार ने 27 करोड़ रुपये पैक्सों के लिए दिए हैं। सहकारिता अधिनियम में व्यापक संशोधान कर प्रत्येक पंचायत में पैक्स का गठन किया गया है। पैक्स सदस्यता अभियान से 55 लाख नए सदस्य बनाए गए हैं। राज्य सरकार द्वारा अधिसूचित सहकारी समितियों का निर्वाचन एक स्वतंत्र निकाय बिहार राज्य निर्वाचन प्राधिकार के माध्यम से सफलता पूर्वक संपन्न कराया जाता है। सहकारी समितियों में स्थापित लघु उद्योगों में पहली बार ऊर्जा लागत को कम करने एवं गैर परंपरारिक ऊर्जा स्रोतों के उपयोग के दृष्टिकोण से ध्यान की भूसी आदि पर आधारित ऊर्जा संयंत्र बनाया गया है। वैशाली के लगुरांव विलन्दपुर पैक्स के कोल्ड स्टोरेज में 150 केवीए का बायोमास गैसी फायर पर बनाया गया है। लघु एवं जल संसाधन विभाग के अधीन कार्यरत राजकीय नलकूपों के परिचालन रख-रखाव, जल वितरण सहित पटवन पर वसूली आदि कार्यों के लिए समेकित सहकारी विकास परियोजनाओं के तहत चयनित पैक्सों को हस्तान्तरित करने का भी राज्य सरकार ने निर्णय लिया है। जल संसाधान के लिए राज्य की सीमा के अंतर्गत सिचाई, बाढ़ नियंत्रण एवं जल निस्कासन में सुधार के लिए नदियों को जोड़ने के कार्यक्रम की भी तैयारी है। तेरहवें वित्त आयोग के अंतर्गत बूढ़ी गंडक नून बाया गंगा लिंक योजना के लिए 333 करोड़ रुपये की योजना को स्वीकृत किया गया है।

समाज कल्याण के क्षेत्र में भी राज्य में अभूतपूर्व वृद्धि हुई है। कई कल्याणकारी योजनाएं सुचारु रूप से चल रही है तो कई योजनाओं के लिए राज्य सरकार लगातार प्रयास कर रही है। भ्रूण हत्या रोकने और कन्या जन्म को प्रोत्साहित करने हेतु मुख्यमंत्री कन्या सुरक्षा योजना प्रारंभ किया गया है। गरीब परिवार की कन्या को विवाह के समय आर्थिक सहायता, विवाह निबंधन को प्रोत्साहन एवं बाल विवाह रोकने हेतु मुख्यमंत्री कन्या विवाह योजना का प्रारंभ किया गया है। राज्य सरकार द्वारा संचालित गृहों में आवासित वैसी अनाथ कन्याएं जिन्होंने विवाह की आयु सीमा प्राप्त कर ली है तथा जिनके माता-पिता का कोई अता-पता नहीं है उनके लिए मुख्यमंत्री संवासिन कन्या विवाह अनुदान योजना प्रारंभ की गई है। महिलाओं के आर्थिक, सामाजिक और सांस्कृतिक सशक्तिकरण हेतु मुख्यमंत्री नारी शक्ति योजना का आरंभ किया गया है। नारी

शक्ति उत्सव एवं सह महिला उद्योग महिला का आयोजन कर बिहार की महिलाओं के सामाजिक आर्थिक और सांस्कृतिक सशक्तीकरण के लिए किए जा रहे प्रयासों और बदलते बिहार में महिलाओं की सक्रिय भागीदारी का सामूहिक प्रदर्शन किया जा रहा है। महिलाओं द्वारा उत्पादित की गई वस्तुओं को पटना एवं आसपास के शहरों में पहुंचाने तथा गांव की हरी सब्जियों के लिए बाजार उपलब्ध कराने हेतु सब्जी उत्पादन और विपणन में सक्रिय महिलाओं को संगठित कर 15 अभिनव वातानुकूलित समृद्धि रिक्शा द्वारा सब्जी बिक्री की व्यवस्था की गई है। नालंदा जिला के बिहार शरीफ प्रखंड के हस्तशिल्प कला बावनबूटी को पुनजीर्वित कर राष्ट्रीय पहचान के रूप में स्थापित किया जा रहा है। वैशाली जिला के बिदुपर प्रखंड महिलाओं ने सेनेटरी नैपकिन भारती का निर्माण कर स्थानीय व छोटे बाजारों में ब्रांड के रूप में स्थापित करने में सफलता प्राप्त की है। पीड़ित महिलाओं के मनोसामाजिक तथा कानूनी सहयोग के लिए 34 जिलों में महिला हेल्पलाइन की स्थापना की गई है। सामाजिक पुनर्वास कोश के तहत सभी जिलों में जिलाधिकारी की अध्यक्षता में सामाजिक पुनर्वास कमेटी का गठन और सभी जिलों में आवश्यक धनराशि का आवंटन किया गया है। राज्य सरकार ने राष्ट्रीय बालिका दिवस पर 6 माह के विशेष अभियान 'हमारी मुनिया' नामक कार्यक्रम चलाया। औरंगाबाद, रोहतास, नालंदा, समस्तीपुर, वैशाली, पटना में आंगनबाड़ी केंद्र के स्तर पर बालिका प्रोत्साहन की अभिनव प्रक्रिया और कार्यक्रमों का आयोजन कर योजना को और विस्तार की पहल की गई है। बाल विकास के क्षेत्र में भी कई ऐसी योजनाओं का शुभारंभ किया गया है जिससे कि राज्य में विकास के नए मार्ग प्रशस्त हो सके। इसके लिए आंगनबाड़ी केंद्रों के औचक निरीक्षण हेतु जिला प्रोगाम पदाधिकारी के स्तर से बाल विकास परियोजना पदाधिकारियों को आंगनबाड़ी केंद्र का कोड एम.एस.एस. के माध्यम से सूचित करने तथा बाल विकास परियोजना पदाधिकारी द्वारा निर्धारित तिथि को संबंधित केंद्र का औचक निरीक्षण कर कार्यक्रम के सुचारु रूप से संचालन को भी देखा जाता है।

अल्पसंख्यक कल्याण के लिए राज्य सरकार ने कई ऐसे कार्यक्रमों का क्रियान्वयन किया है जिससे इस वर्ग का विकास हो रहा है। मुस्लिम परित्यक्ता महिलाओं के स्वरोजगार हेतु दस हजार रुपये की राशि देने की योजना प्रारंभ की गई। साथ ही इस वर्ग के विद्यार्थियों को मैट्रिक पश्चात आगे की पढ़ाई जारी रखने हेतु छात्रवृत्ति योजना का भी शुभारंभ हुआ। इससे हजारों छात्रों को लाभ मिल रहा है। इस वर्ग के विद्यार्थियों के कोचिंग योजना का शुभारंभ भी राज्य सरकार ने किया है। शिक्षा के अलावा वक्फ़ संपत्तियों के विकास हेतु

रिवाल्विंग फंड योजना का प्रारंभ किया गया। इसके अलावा वक्फ़ संपत्ति के रख-रखाव, सुरक्षा एवं संवर्धन के लिए राज्य सरकार ने योजना का शुभारंभ किया है। सभी जिलों में छात्राओं के लिए छात्रावास की सुविधा उपलब्ध कराने के अलावा अल्पसंख्यक समुदाय के महान विभूतियों के नाम पर भवन निर्माण का कार्य भी प्रगति पर है। मुख्यमंत्री श्रम शक्ति योजना के नाम से युवाओं को प्रशिक्षित कर स्वरोजगार की योजना का प्रारंभ किया गया। भव्य हज भवन का निर्माण कार्य भी राज्य सरकार ने कराया है। इसी प्रकार पिछड़ा वर्ग एवं अति पिछड़ा वर्ग के लिए भी राज्य सरकार ने कई योजनाओं की शुरुआत की है। जिसमें जननायक कर्पूरी ठाकुर अत्यंत पिछड़ा वर्ग छात्रावास योजना प्रारंभ किया गया। मुख्यमंत्री अत्यंत पिछड़ा वर्ग मेधावृत्ति योजना का प्रारंभ भी राज्य सरकार ने किया है। अनुसूचित जाति एवं अनुसूचित जनजाति के कल्याण के लिए राज्य सरकार द्वारा शुरु की गई योजनाओं में महादलितों के विकास के लिए कई कार्यक्रम शुरू किए गए है। जिसमें महादलितों की पहचान एवं विकास के लिए बिहार महादलित विकास मिशन नामक संस्था का गठन किया गया। इसके अलावा महादलित विकास के लिए आवासीय भूमि योजना, महादलित जलापूर्ति योजना, महादलित आवास योजना, शौचालय का निर्माण, महादलित बस्ती संपर्क पथ योजना, महादलित आंगनबाड़ी, महादलित क्रेश, महादलित विशेया विद्यालय, छात्रावास, मुख्यमंत्री महादलित पोशाक योजना दशरथ मांझी कौशल विकास योजना, मुख्यमंत्री नारी ज्योति कार्यक्रम, धनवंतरी मोबाइल, आयुर्वेदिक चिकित्सालय, मोबाइल जनवितरण प्रणाली, मैला प्रथा की समाप्ति, सामुदायिक भवन-सह-शेड, मुख्यमंत्री जीवन दृष्टि कार्यक्रम आदि की शुरुआत की गई है। ग्रामीण विकास के लिए राज्य के सभी 534 में प्रखंड सूचना प्रावैधिकी केंद्र की स्थापना के अलावा ग्रामीण विकास योजनाओं में कार्यरत सभी मजदूरों को नियत मजदूरी के प्रभावी भुगतान हेतु ई-मस्टर, बायोमेट्रिक स्मार्टकार्ड व्यवस्था का पायलट प्रोजेक्ट ई-शक्ति का क्रियान्वयन किया गया। ई-शक्ति परियोजना के अंतर्गत जानकारी उपलब्ध कराने एवं परिवार निस्तार हेतु कॉल सेंटर की स्थापना की गई है। राज्य सरकार ने नगर विकास के लिए पटना में बुद्ध स्मृति पार्क और पाटलिपुत्र में करुणा स्तूप का लोकार्पण किया है। कटिहार, मुंगेर एवं बेगूसराय नगर परिषदों को नगर निगम का दर्जा दिया है। चार नगर परिषद एवं 13 नगर पंचायतों का सृजन किया गया। जन शिकायत निवारण कोशांग का नगर विकास एवं आवास विभाग और नगर निगम स्तर पर गठन का काम किया गया है। बिहार शहरी आधारभूत संरचना विकास निगम का गठन किया गया है जिससे कि राज्य में विकास का काम बेहतर तरीके से हो सके।

कला एवं संस्कृति के क्षेत्र में भी बिहार सरकार ने काफी उत्कृष्ट कार्य किए हैं। राज्य के सभी जिलों में 160 से अधिक स्थलों पर स्टेडियम का निर्माण कार्य किया गया है। इसके अलावा सात स्थानों पर आवासीय खेलकूद प्रशिक्षण कार्यक्रम का आरंभ किया गया है। मुख्यमंत्री क्रिकेट प्रतियोगिता युवा खिलाड़ियों के बीच काफी लोकप्रिय है। इसके अलावा सभी सुरक्षित धरोहरों पर 24 घंटे की सुरक्षा व्यवस्था का प्रबंध किया गया है। पटना की धरोहर भवनों पर कॉफी टेबुल पुस्तक 'पटना-ए-मॉन्यूमेंटल हिस्ट्री' प्रकाशित की है। विश्व नृत्य दिवस एवं विश्व संगीत दिवस का प्रतिवर्ष आयोजन किया जाता है। साथ ही प्रत्येक जिला में स्थापना दिवस एवं युवा महोत्सव का आयोजन भी शामिल है। बिहार दिवस के अवसर पर बिहार, बिहार के बाहर सांस्कृतिक कार्यक्रम का आयोजन किया जाता है। इसके अलावा नक्सल प्रभावित इलाकों में सांस्कृतिक कार्यक्रम का आयोजन किया जाता है। पटना में पांच स्थानों पर जिम्नाजियम की स्थापना के अलावा छात्रों के बीच सांस्कृतिक एवं लोक विधाओं को प्रचलित करने के उद्देश्य से महाविद्यालयों एवं विद्यालयों में संस्कृति बोध श्रृंखला का आयोजन किया जाता है। युवाओं में साइकिल को लोकप्रिय बनाने के उद्देश्य से बेहतर स्वास्थ्य, बेहतर पर्यावरण एवं बेहतर अर्थव्यवसथा के लिए बिहार साइकिल अभियान का प्रारंभ किया गया है।

बिहार के उपमुख्यमंत्री सुशील कुमार मोदी बताते हैं कि बिहार में हर स्तर पर बदलाव की बयांर बह रही है। राज्य में गरीबी रेखा के नीचे जीवनयापन करने वाले लोगों की सुविधा के लिए बीपीएल आयोग का गठन किया जा रहा है। उल्लेखनीय है कि जहाँ बिहार जैसे राज्य में गरीबी रेखा से नीचे की संख्या 1.40 करोड़ है वहाँ भारत सरकार के अनुरूप मात्र 65 लाख के लिए केन्द्र प्रायोजित सुविधाएँ मुहैया करायी जाती है। मोदी केंद्र सरकार से मांग करते हैं कि चुनाव आयोग की तरह ही बीपीएल आयोग बनाया जाना चाहिए ताकि केन्द्र सरकार के निर्धारित माप-दण्डो के अनुसार राज्य सरकार से आवश्यक परामर्श कर बीपीएल परिवारों की पहचान करें। पूर्व में भारत सरकार द्वारा बीपीएल परिवारों के पहचान हेतु माप-दण्डों का निर्धारण बिना राज्य सरकार से परामर्श के ही किया गया। फलस्वरूप इस सर्वेक्षण में बहुत सारी त्रुटियां रह गई। चूंकि वर्तमान में इस पर कार्य चल रहा है, फलस्वरूप राज्य सरकार से आवश्यक मशविरा किया जाना श्रेयस्कर होगा। यह सच है कि बिहार पिछले चार वर्षों से लगातार बाढ़ एवं सुखा से उत्पन्न विषमता का सामना कर रहा है। केन्द्र सरकार द्वारा अन्य राज्यों को ऐसे विषमता के निवारण हेतु विशेष केन्द्रीय पैकेज दी गई, जबकि बिहार को अन्य राज्यों की तुलना

में नाम मात्र सहायता ही मिलती रही है। मोदी केंद्र सरकार से मांग करते हैं कि जिस प्रकार 5 प्रतिशत ब्याज दर पर किसानों को कृषि दी जाती है, उसी ब्याज दर पर पशुपालन, मुर्गी पालन, डेरी सहित कृषि यंत्र आदि के लिए सुलभ कराई जाए। राज्य में शिक्षा के लिए 12 प्रतिशत से अधिक के ब्याज पर ऋण दिया जाता है। बिहार को विशेष राज्य की दर्जा दिए जाने की सारी परिस्थिति मौजूद है। बावजूद इसके अभी तक इस को तरजीह नहीं दी जा रही है। सामाजिक क्षेत्रों की परियोजनाओं की चर्चा करते हुए दुर्बल एवं निर्धनतम व्यक्तियों की चिन्ता व्यक्त करते हुए सुशील मोदी कहते हैं कि शारीरिक रूप से विकलांगो को दी जा रही माहवारी पेंशन 200 रुपये की राशि को बढ़ाकर 400 रुपये किया जाए। साथ ही इन्दिरा गांधी राष्ट्रीय अपंगता परियोजना के लिए सम्प्रति निर्धारित 80 प्रतिशत अपंगता को घटाकर 40 प्रतिशत तक की अपंगों को भी यह सुविधा दिये जाने की आवश्यकता है। इसी प्रकार विधवाओं को दिए जाने वाली राशि को 200 से 400 करने तथा सम्प्रति विधवाओं के लिए निर्धारित 40 वर्षों की उम्र सीमा को 18 वर्ष करने की भी मांग की है।

मोदी खाद्य एवं प्राथमिक पदार्थो की कीमतों में हो रही बढ़ोत्तरी के लिए पेट्रोल एवं डीजल की कीमतो में लगातार हो रही बढ़ोतरी को मुख्य कारण बताते हैं। वे कहते हैं कि पिछले छः महीने में पेट्रोलियम की कीमतो में छः बार वृद्धि हुई है, यह अबतक लगभग 21.6 प्रतिशत तक पहुँच गई है। पेट्रोलियम पदार्थों पर लगने वाले 5 प्रतिशत की आयात शुल्क को समाप्त किया जाए। इसी प्रकार पेट्रोल पर लगने वाले उत्पाद शुल्क की राशि को प्रतिशत हटाकर समान दर निर्धारित की जाए।

मोदी मांग करते हैं कि बिहार में आधारभूत सरंचनाओं के घाटे को पूरा करने के लिए बिहार-झारखण्ड बँटवारे के पश्चात् से दी जा रही एक हजार करोड़ प्रतिवर्ष विशेष सहायता राशि जो पहले "राष्ट्रीय सम विकास योजना" था एवं अब बी0आर0जी0एफ0 है के तहत अगले 12वीं पंचवर्षीय योजना में भी इसे चालू रखी जाए।

बिहार सरकार "राष्ट्रीय व्यवसायिक शिक्षा योग्यता प्रशिक्षण" देने के लिए तैयार है, बशर्ते कि केन्द्र सरकार आवश्यक संसाधन मुहैया कराए। राज्य के मानव संसाधन विकास मंत्री प्रशांत कुमार शाही कहते हैं कि बिहार सरकार अपनी आर्थिक कठिनाई के बावजूद राज्य में व्यवसायिक शिक्षा प्रदान करने हेतु प्रतिबद्ध है। अपने संसाधान के तहत राज्य में ओपेन स्कूल प्रारम्भ किए जा रहे हैं। मानव संसाधन विकास विभाग के अधीन एक अलग निदेशालय का गठन किया जा रहा है, जिसके अन्तर्गत् व्यवसायिक प्रशिक्षण के साथ "साक्षर भारत" योजना के अनुरूप मॉडल विकास सम्भव हो सके और

शिक्षार्थियों को उच्च शिक्षा में भी सहायक हो। शाही कहते हैं कि बिहार में "हूनर" नामक एक कार्यक्रम चलाया जा रहा है जिसके तहत महिलाओं को खास कर अल्पसंख्यक एवं दलित महिलाओं को व्यवसायिक प्रशिक्षण एवं प्रशिक्षण पूरा होने के उपरान्त उन्हे उद्यम के लिए आवश्यक उपकरण भी मुहैया कराए जाते हैं। बिहार में आई.टी.आई. एवं पोलिटेकनिक संस्थानों की संख्या आवश्यकता की तुलना में कहीं कम है। राज्य में यह कमी संसाधन श्रोतों की कमी के कारण है। शाही बताते हैं कि बिहार में कृषि आधारित व्यवसायिक प्रशिक्षण एवं निर्माण आधारित प्रशिक्षण का कार्य चल रहा है। अगर केन्द्र सरकार वित्तीय सहायता मुहैया कराए तो बिहार में व्यवसायिक शिक्षा योग्यता प्रशिक्षण और अधिक संख्या में दी जा सकती है।

हर क्षेत्र में प्रगति नीतीश कुमार की पहली प्राथमिकता है। वह अपने भाषणों में हर समय बिहार के विकास को लेकर चितिंत दिखते हैं। प्रधानमंत्री एवं केंद्रीय गृह मंत्री के साथ नक्सली समस्या पर आयोजित बैठक में नीतीश कुमार ने अपनी पिछली पारी में खुलकर अपने विचार रखे थे। जिसमें उन्होंने कहा था, मेरी चिंता कई राज्यों में व्याप्त नक्सली स्थिति में सबके साथ है। इस समस्या के समाधान के स्वरूप के संबंध में मेरे विचार यहां उपस्थित कई साथियों से भिन्न हो सकते हैं। नक्सली तत्व हमारे ही समाज के अंग है, यद्यपि उन्हें हिंसा का रास्ता चुनने के लिए भटका दिया गया है। यह इस समस्या के समाधान में हमारा दृष्टिकोण है। केवल सुरक्षा बलों के माध्यम से अभियान चलाने से दूरी और बढ़ती है तथा नक्सली संगठनों के नेताओं को हीरो का दर्जा प्राप्त हो जाता है। सतही निदान के कारण यह बीमारी और तीव्र गति से फैलती है। इस कारण बिहार ने एक समेकित दृष्टिकोण अपनाया, जो हम समझते हैं कि इसके प्रभावी और स्थायी समाधान के लिए उपयुक्त रणनीति हो सकती है। बिहार विकास के क्षेत्र में बहुत पिछड़ा हुआ है। राज्य सरकार का एक महत्वपूर्ण कार्यक्रम आपकी सरकार आपके द्वार उग्रवाद प्रभावित क्षेत्रों के समग्र विकास के लिए है। हमारी रणनीति विकास एवं कल्याण की योजनाओं को एक संतृप्त स्थिति तक पहुंचाने के पूर्व सुरक्षा भी देने की है। इस संदर्भ में हम योजना आयोग के द्वारा विकास योजनाओं को ऐसे क्षेत्रों में लागू करने की पहल का स्वागत करते हैं। प्रमुख बात यह है कि राज्य सरकार अपने नागरिकों के हितों की रक्षा और सुरक्षा के साथ मानवाधिकारों की रक्षा करते हुए कानून का राज स्थापित करने के लिए प्रतिबद्ध हैं। हमारे इस प्रयास ने अच्छी सफलता दी है लेकिन अपेक्षित स्तर पर नहीं। उग्रवादी घटनाओं के पैमाने पर बिहार में पिछले दस साल की घटनाओं के संबंध में मैं आपका ध्यान आकृष्ट करना चाहता हूं। 2001-04 में 1117 उग्रवाद संबंधी घटनाएं

हुई। जबकि 2006-09 में यह मात्र 338 रही। 2001-04 के दौरान जहां 668 नागरिक मारे गए थे वहीं 2006-09 में 160 नागरिकों की हत्या हुई। शस्त्रों, आग्नेयास्त्रों और गोला-बारूद की बरामदगी में भी उल्लेखनीय सफलता मिली है। जहां 2001-04 में 496 हथियार, 5221 गोली, 94 किलो विस्फोटक तथा 7602 डेटोनेटर बरामद किए गए थे। वहीं 2006-09 में 560 आग्नेयस्त्र, 39,337 चक्रगोलियां, 62,841 किलोग्राम विस्फोटक, 98,872 डेटोनेटर तथा 346 लैंडमाइंस बमों की बरामदगी हमने की है। 1881 उग्रवादियों को 2006-09 में गिरफ्तार किया गया है। जबकि 1160 की गिरफ्तारियां 2001-04 में हुई थी।

नीतीश कुमार कहते हैं कि वामपंथ उग्रवादी संगठनों के महत्वपूर्ण 33 एरिया कमांडरों की गिरफ्तारी इस वर्ष 30 जून तक ही कर ली गई हे। जबकि पिछले संपूर्ण वर्ष की यह संख्या 33 थी। मुझे सबसे ज्यादा संतोष इस बात का है कि ये सारी उपलब्धियां बिना किसी मानवाधिकारों के हनन के शिकायत हुए हमने प्राप्त की है। हमने राज्य में नक्सली समस्या पर नियंत्रण में रखने में कार्यबल, हथियारों और संसाधनों के कमी के बावजूद यह सफलता पाई है। इसके लिए हमने पूर्व सैनिकों को बहाल करते हुए स्पेशल ऑक्जिलरी पुलिस की स्थापना की है। दुर्भाग्यवश हम स्वीकृत बल के अनुरुप बहाली की शर्तों को शिथिल करने और मानदेय राशि बढ़ाने पर भी पूरी संख्या में जवान प्राप्त कर सके हैं।

मैं स्वयं इस वर्ष अगस्त तक 12 हजार सिपाहियों की रिक्त को भरने के लिए केंद्रीय सिपाही भर्ती बोर्ड की प्रगति की समीक्षा कर रहा है। पिछले वर्ष बहाल 2 हजार पुलिस अवर निरीक्षकों को प्रशिक्षित करते हुए जिलों में तैनात कर दिया गया है। राज्य सरकार ने सीआईएटी विद्यालयों के संचालन के लिए युद्ध स्तर पर कार्य प्रारम्भ कर दिया है। ताकि उग्रवाद रोधी प्रशिक्षण नियमित ढंग से राज्य पुलिस बल को आंतरिक उग्रवाद का सामना करने के लिए प्राप्त हो सके। साथ ही साथ राज्य सरकार ने बिहार पुलिस एकेडमी की भी स्थापना 200 करोड़ रुपये की लागत से की है। इस अंतरिम अवधि में 2000 राज्य पुलिस बल के जवानों ने उग्रवादविरोधी और जंगल युद्ध बीएसएफ सेना एवं अन्य प्रशिक्षण केंद्रों में प्राप्त किया है। केंद्र सरकार द्वारा राज्य को अपेक्षित सहायता नहीं मिली है। मैं प्रधानमंत्री जी के समक्ष कुछ खास तथ्यों को समुचित समाधान के लिए रखना चाहता हूं। बिहार राज्य में गत कई वर्षों से केंद्रीय अर्द्धसैनिक बलों की संख्या में कोई परिवर्तन नहीं किया गया है, जबकि राज्य सरकार ने इसके लिए नक्सल समस्या को देखते हुए बार-बार अनुरोध

किया है। वस्तुत: 8 अक्टूबर 2009 की बैठक के बाद दूसरे राज्यों में केंद्रीय अर्द्धसैनिक बलों की संख्या में बढ़ोतरी की गई, लेकिन बिहार को एक भी अतिरिक्त कंपनी प्राप्त नहीं हुई। पुलिस मुख्यालय बिहार द्वारा विशिष्ट उपकरणों के लिए भी अनुरोध किया गया है। जिन्हें प्राथमिकता दिए जाने की आवश्यकता है। इसमें कोई शक नहीं कि सघन, सम्यक विकास ही वामपंथ उग्रवाद की समस्या का अंतिम निदान है। मुझे प्रसन्नता हो रही है कि योजना आयोग को देश के 35 जिलों में समेकित कार्य योजना को तैयार करने का दायित्व सौंपा गया है जिनमें 6 बिहार राज्य के हैं। इस बैठक के कार्यावली से मालूम होता है कि देश में 83 वामपंथ उग्रवाद प्रभावित जिले हैं। यह स्पष्ट नहीं हो पा रहा है कि क्यों केवल 35 जिलों को ही समेकित विकास के लिए चुना गया है। शेष 48 जिले तो इससे पिछड़े ही रह जायेंगे और अधिकांश जिलों को छोड़ देने से इस समस्या का हल नहीं हो सकेगा। आप को बताते हुए मुझे असीम संतोष हो रहा है कि मेरी सरकार ने उग्रवाद प्रभावित जिलों में समेकित विकास की आवश्यकता को बहुत पहले ही भांप लिया था और एक अभिनव कार्यक्रम आपकी सरकार आपके द्वार 8 उग्रवाद प्रभावित जिलों के 65 पंचायतों में चलाया जा रहा है। यह कार्यक्रम सुरक्षा के साथ विकास का एक केंद्र बिन्दु हो गया है। इसमें इंदिरा आवास, विद्यालय भवन और ग्रामीण सड़कों के अतिरिक्त सामाजिक सुरक्षा तथा कल्याणकारी योजनाएं ली गई हैं ताकि चुने हुए पंचायतों में विकास विकासात्मक गतिविधियां पूर्णत: संतृप्त हो सकें और योग्य व्यक्तियों को इस कार्यक्रम के सारे लाभ उनके दरवाजे पर ही मिल सके। मैंने मुख्यमंत्रियों की आंतरिक सुरक्षा पर 7 फरवरी 2010 को नई दिल्ली में हुई बैठक में भी यह अनुरोध किया था कि केंद्र सरकार को इस कार्यक्रम को सभी उग्रवाद प्रभावित पंचायतों में लागू करने के लिए हमें आर्थिक मदद देना चाहिए। मैंने इसके लिए केंद्रीय गृह मंत्री को भी लिखा है। मैं पुन: आग्रह करता हूं कि इन विकासात्मक योजनाओं में केंद्र को हमें आर्थिक सहायता देनी चाहिए।

मैंने पूर्व में भी जोर दिया था कि इन राज्य में अवस्थित केंद्रीय अर्द्धसैनिक बल के प्रशिक्षण शिविरों में भी वृद्धि होनी चाहिए। बीएसएफ का एक मात्र प्रशिक्षण केंद्र अविभाजित बिहार में था जो अब झारखंड में है। केंद्रीय रिजर्व पुलिस बल द्वारा राजगीर में अभी भी अपने प्रशिक्षण केंद्र को सक्रिय करना है जबकि राज्य सरकार ने इसके लिए बहुत पहले ही जमीन का आवटन कर दिया है। बिहार की नेपाल के साथ लंबी दूरी की खुली सीमा है जो जाली नोटों, नशीले पदार्थों की तस्करी, मानव तस्करी, आपराधिक एवं अन्य

गतिविधियों की समस्याओं से ग्रस्त है। केंद्रीय पुलिस बल सीमा पर तैनात है। सीमा पर पुलिस चौकी की संख्या बढ़ाने एवं उन्हें सुदृण करने, सीमा सड़कों का शीघ्र निर्माण, सीमा पर समेकित चेक पोस्ट का निर्माण तथा दोनों देशों की टीमों द्वारा अंतर्राष्ट्रीय सीमा के सर्वे कराने की नितांत आवश्यकता है। बिहार के 33 वामपंथ प्रभावित जिलों में 15 जिलों को एसआरई योजना में शामिल किया गया है। मात्र 5 जिलों को इस योजना में शामिल करने के लिए हमारे अनुरोध को गृह मंत्रालय ने अब तक अपनी सहमति नहीं दी है। तथापित हम अपने बलबूते पर स्थिति पर काबू पाने के लिए प्रयास कर रहे हैं। आज की कार्यावली बिन्दुओं में 33 उग्रवाद जिलों के लिए प्रमुख योजनाओं में विमुक्त राशि के व्यय का प्रतिशत बार तालिका भी प्राप्त हुई है। जहां तक बिहार से संबंधित विवरणों का प्रश्न है, कार्यावली बिन्दुओं के अंत में दी गई तालिका और विवरणी की एक अलग ही कहानी है। कई मुख्य प्रक्षेत्रों में बिहार निरंतर केंद्र सरकार के संबंधित मंत्रालयों की असानुभूति और उदासीन रवैया का शिकार रहा है। उदाहरण के तौर पर वित्तीय वर्ष 2009-10 में बिहार के लिए मनरेगा श्रम बजट में 3259 करोड़ रुपये का प्रावधान था जबकि केंद्र सरकार ने 31 मार्च 2010 तक इस राशि का मात्र 36 प्रतिशत अर्थात 1,033 करोड़ रुपया ही विमुक्त किया। 147 करोड़ रुपया केंद्रीय ग्रामीण विकास मंत्रालय द्वारा जिलों को 31 मार्च 2010 को विमुक्त के लिए अनुरोध किया, क्योंकि बहुत पंचायतों में राशि समाप्त हो गई थी। फिर भी राशि आबंटन में एक बड़ा अंतराल व्याप्त रहा, जबकि अधिकांश जिलों ने केंद्रीय राशि के लिए व्यय विवरणी और राज्य सरकार की अनुशंसा भेज दी थी। इस विषम परिस्थितियों के होते हुए भी हमने 1818 करोड़ रुपया व्यय किया जो पिछले वित्तीय वर्ष की तुलना में 40 प्रतिशत अधिक है। मनरेगा कार्यक्रम में किसी विपरीत प्रभाव से बचने के लिए राज्य सरकार ने राज्य कोष की 148 करोड़ रुपये की राशि मार्च 2010 में विमुक्त कर दी। इसके अतिरिक्त राज्य सरकार ने आनुपातिक राज्यांश की 26.62 करोड़ रुपये केंन्द्रांश के 714 करोड़ रुपये के परिप्रेक्ष्य में वर्तमान वित्तीय वर्ष में अग्रिम के रूप में विमुक्त कर दी है। यह हमारी प्रमुख योजना के प्रति प्रतिबद्धता के स्तर को दर्शाता है। हमने जब भी कार्यक्रमों को गति देने का प्रयास किया, राशि की कमी के कारण विकास की निरंतरता में रोक लग जाती है, क्योंकि हमारे यहां नवंबर से जून तक की अवधि ही योजनाओं के लिए कार्य करने की अवधि है। रोजगार की मांग रहते हुए भी इसे उपलब्ध कराना जो कानूनन भी अनिवार्य है, राशि की कमी के कारण संभव नहीं हो सका है। इन परिस्थितियों में हमारा केंद्र सरकार से आग्रह

होगा कि अवशेष 3,212 करोड़ रुपये की केन्द्रांश की राशि अविलंब विमुक्त की जाए, ताकि व्यापक रोजगार ग्रामीण क्षेत्रों में हम उपलब्ध करा सकें।

बिहार के प्रति भेदभाव का एक जीता-जागता उदाहरण सड़कों के क्षेत्र में भी परिलक्षित है। साढ़े चार वर्ष पहले राज्य में राष्ट्रीय राजमार्ग और अन्य सड़कों की स्थिति दयनीय थी। हमारे अनुरोध पर सड़क परिवहन और राज्यमार्ग मंत्रालय ने कोई ध्यान नहीं दिया और चूंकि हमारे पास समय बर्बाद करने का वक्त नहीं था राज्य सरकार ने 1657 किलोमीटर सड़क राष्ट्रीय राज्यमार्गों की मंत्रालय से विमर्श करते हुए बनाई और मरम्मत कराई। इन सड़कों के निर्माण एवं मरम्मत में व्यय की राशि 965 करोड़ रुपये की प्रतिपूर्ति के लिए तब से ही केंद्र सरकार पर हम लगातार दबाव दे रहे हैं। लेकिन प्रधानमंत्री कार्यालय के हस्तक्षेप के बाद भी इसमें कोई सफलता नहीं मिल पाई है। इसी प्रकार हमने उग्रवाद प्रभावित जिलों के 36 महत्वपूर्ण संर्पक पथों में 349 किलोमीटर में मंत्रालय द्वारा स्वीकृति प्राप्त होने में विलंब के कारण कार्य कराया और इसमें 2007-09 की अवधि में व्यय की राशि 602 करोड़ रुपये की प्रतिपूर्ति की मांग की। इस पर अब तक सहमति नहीं दी गई है। लोकहित में किए गए कार्यों के लिए हमें दंडित किया जा रहा है। हम फेज 2 के अंतर्गत 48 सड़कों के लिए 745 करोड़ से 680 किलोमीटर के मरम्मत के लिए तथा 6 राष्ट्रीय राज्यमार्गों के 205 किलोमीटर के लिए 460 करोड़ रुपये के संबंध में अपने प्रस्ताव पर केंद्र सरकार के निर्णय की प्रतीक्षा कर रहे हैं। इसी प्रकार प्रधानमंत्री ग्रामीण सड़क योजना जैसे प्रमुख कार्यक्रम में हमने 1500 करोड़ की लागत से सड़कों का निर्माण कर लिया है और किये गये कार्यों के लिए संबंधित एजेंसियों को भुगतान करना है। इस वृहद बकाया राशि के विरुद्व हमें केवल 310 करोड़ रुपये की राशि ही विमुक्त की गयी है। जिसके कारण हमारे कार्य करने की अवधि में ही यह शिथिल हो गया है। राजीव गांधी ग्रामीण विद्युतीकरण योजना जैसे दूसरे महत्वपूर्ण कार्यक्रम की रूपरेखा में ही कमियां है। इस योजना में अविद्युतिकृत गांव के लिए 13 लाख रुपये निर्धारित है तथा 4 लाख रुपये विद्युतिकृत गांव के लिए निर्धारित किए गए है। फलत: मात्र 3 फेज की 11 केवीए लाईन तथा एक फेज एलटी डिस्ट्रीव्यूशन लाईन 16 केवीए या 25 केवीए डिस्ट्रीब्यूशन ट्रांसफार्मर के साथ प्रतिस्थापित किए जा सके हैं। यह अंतिम मिल को जोड़ने में जहां विद्युतीकरण शुरू में किया जा चुका है, सहायक हो सकता है। लेकिन यह योजना मात्र प्रतीकात्मक ही है और बिहार में इसकी बहुत कम उपयोगिता है, जहां केवल 5.13 प्रतिशत ग्रामों में ही विद्युतीकरण 2001 तक हो पाया है। बड़े पैमाने पर नये ट्रांसफार्मरों

के जलने एवं उनकी खराबियों से इनकी बनावट में ही खराबी और इनकी विश्वसनीयता पर ग्रामीण क्षेत्रों में प्रश्नचिन्ह लग रहा है। 530 घरों के किसी गांव के लिए कम से कम 315 वाट लोड 100 केवीए गैर कृषि कार्य के लिए आवश्यक होगा। बिजली की गैर कानूनी उपयोग को ग्रामीण क्षेत्रों में रोकना भी मुश्किल है और यह स्थिति को और खराब करता है। राजीव गांधी ग्रामीण विद्युतीकरण योजना में एक फेज विद्युत आपूर्ति का प्रावधान का अर्थ है कि किसान इससे सिचाई का कार्य नहीं कर सकते हैं क्योंकि गहरे लिफ्ट पंप और कृषि मशीनरी के लिए कम से कम 3 फेज विद्युत आपूर्ति की आवश्यकता है। इसका निदान यह है कि 3 फेज लाइन की व्यवस्था सभी गांव में की जाए तथा 63 केवीए और 100 केवीए की आपूर्ति के लिए ट्रांसफार्मर प्रतिस्थापित किया जाए। हम केंद्र सरकार से यह भी अनुरोध करते हैं कि बिहार को केंद्रीय आबंटन कोटा से नियमित बिजली प्राप्त हो। हमनें ऊर्जा मंत्रालय से भी इसके संबंध अनुरोध किया है लेकिन अभी तक कोई सफलता प्राप्त नहीं हो सकी है। वामपंथ उग्रवाद की समस्या का समाधान निरंतर विकास के माध्यम से किया जा सकता है, लेकिन इसके लिए केंद्र सरकार द्वारा बिहार जैसे प्रदेश को सहायता प्रदान करने का दृष्टिकोण अपनाना होगा जहां उच्च स्तर की पहल एवं प्रतिबद्धता विकास की कमियों को दूर करने के लिए तो है। परंतु संसाधानों की बहुत भारी कमी है। विभिन्न स्तरों पर पत्राचार और व्यक्तिगत प्रयास केंद्रीय मंत्रालयों से कोई महत्वपूर्ण परिणाम प्राप्त करने में असमर्थ रहे हैं। मैं आशा करता हूं कि आज की बैठक पारस्परिक समझ में परिणत होगी और शिथिल पड़े कार्यों में तीव्रता आएगी।

नीतीश कुमार बिहार के विकास के लिए केंद्र सरकार के समक्ष अपनी बात खुलकर उठाते हैं। जब भी उन्हें कहने का मौका मिलता है वह कहते हैं ताकि राज्य का विकास हो सके। हर क्षेत्र में वह प्रगति चाहते हैं क्योंकि केवल कुछ क्षेत्र में प्रगति करके बिहार बिहार नहीं बन सकता। इसलिए वह जमीन से जुड़ी आम आदमी से जुड़ी हर उस योजना का राज्य में क्रियान्वयन चाहते हैं जिससे कि राज्य का विकास हो सके। चुनाव जीतने के बाद बिहार में निवेश के लिए निवेशकों की तलाश करना राज्य सरकार की पहली प्राथमिकता है। इसलिए वह हर क्षेत्र से निवेशकों को बिहार में आमंत्रित कर रहे हैं। बिहार में खनिज संपदा के बाद कुछ शेष नहीं रह गया है। झारखंड राज्य के अलग होने के बाद बिहार को एक अलग प्रकार की चुनौतियों से जूझना पड़ रहा है। इसलिए नीतीश कुमार की पहली प्राथमिकता है कि विकास के लिए बिहार को एक नए प्रकार का संकल्प लेना होगा तभी जाकर बिहार एक नया बिहार बन पाएगा। इसके लिए केवल सरकार को ही नहीं बल्कि जनता को भी

बढ़चढ़कर हिस्सा लेना होगा। बिहार और इसकी पृष्ठभूमि से जो लोग भी जुड़े हैं चाहे वह बिहार में रह रहे हों या फिर बिहार से बाहर देश दुनिया में हों सबको ब्रिहार के विकास के लिए सोचना होगा। निवेश करना होगा ताकि राज्य का विकास हो सके। राज्य सरकार भी इसके लिए पूरी तरह से प्रयासरत है और लगातार प्रयास करने के लिए अपील भी कर रही है।